谈/判/技/巧/系/列

NE
PS

谈判
心理学

李 勇 王永峰 / 著

中华工商联合出版社

图书在版编目（CIP）数据

谈判心理学／李勇，王永峰著.—北京：中华工
商联合出版社，2020.9
ISBN 978-7-5158-2781-0

Ⅰ.①谈…　Ⅱ.①李…②王…　Ⅲ.①谈判学-社会
心理学　Ⅳ.①C912.35

中国版本图书馆 CIP 数据核字（2020）第 134322 号

谈判心理学

作　　者：李　勇　王永峰
出 品 人：李　梁
责任编辑：李　瑛　袁一鸣
封面设计：田晨晨
版式设计：北京东方视点数据技术有限公司
责任审读：郭敬梅
责任印制：迈致红
出版发行：中华工商联合出版社有限责任公司
印　　刷：三河市燕春印务有限公司
版　　次：2020 年 9 月第 1 版
印　　次：2024 年 1 月第 4 次印刷
开　　本：710mm×1020mm　1/16
字　　数：180 千字
印　　张：14.5
书　　号：ISBN 978-7-5158-2781-0
定　　价：68.00 元

服务热线：010-58301130-0（前台）
销售热线：010-58302977（网店部）
　　　　　010-58302166（门店部）
　　　　　010-58302837（馆配部、新媒体部）
　　　　　010-58302813（团购部）
地址邮编：北京市西城区西环广场 A 座
　　　　　19-20 层，100044
http://www.chgslcbs.cn
投稿热线：010-58302907（总编室）
投稿邮箱：1621239583@qq.com

| 第一章 |

◎ 首先自己的心理要足够强大 /1

| 第二章 |

◎ 人性的弱点是最好的切入点 /21

| 第七章 |

| 第八章 |

| 第九章 |

◉ 巧妙化解困局的要点 /183

| 第十章 |

◉ 步步制胜的诀窍 /205

第一章
首先自己的心理要足够强大

当FBI探员面对艰难的抉择时，是什么让他们可以鼓足勇气，坚持自己的职业道德，保证自己的选择不会脱离法律的轨道？答案只有一个，那就是自信！

你有多自信

如果周围的人全都把白说成黑的话,你也会这么认为吗?

在美国弗吉尼亚州昆迪克地区,有一处方圆385英亩的土地,植被茂密,与世隔绝,这就是美国联邦调查局特工学院的所在地。这里不仅是美国执法部门的进修学院,同时也是FBI后备力量的培训基地。每年都会有数以百计的新人通过层层选拔,脱颖而出,成功进入特工学院,接受为期18周的特训,期待自己有朝一日能够成为真正的FBI探员。

那么,是什么让这些人在成千上万的报名者中脱颖而出的呢?聪明的头脑、过人的胆识、特殊的技能,还是优秀的品格?其实,与这些特质相比,特工学院更为看重的是新人们的自信。因为自信就像是地基,只有地基夯实,上面的建筑物才能坚固持久。虽然任何事情都不能凌驾于法律之上,但说总是比做要容易得多。当FBI探员真的面对这种坚难的抉择时(这样的情况经常发生),是什么让他们可以鼓足勇气,坚持自己的职业道德,保证自己的选择不会脱离法律的轨道?答案只有一个,那就是自信!所以,特工学院在对新人的培训伊始,就非常注意对他们自信心的培养。

如今,FBI的56个地方分局每年都会举行一个名为"初级特工计划"的活动,让当地的中学生能够有机会与FBI探员亲密接触,以便培养他们的社会责任感和法律意识。2009年9月,一个名叫帕克·诺顿的高中生就成为该活动的优胜者,并获得了2.2万美元的奖励。FBI总部对他的评语是:"帕克在本次活动中所表现出来的自信与奉献精神,正是所有初级探员的榜样。"

其实,所谓操纵术,就是双方心理的博弈。坚定者获胜,软弱者失败，而胜败的关键就在于你是否有足够的信心，可以在这场肉搏战中坚持到底！

著名的指挥家马克，在一次指挥家比赛的总决赛中，裁判给了他一张乐谱，观察他如何正确地指挥。当他正努力地挥动指挥棒时，却发现谱子有问题。

马克心想，会不会是演奏的人出了问题呢？于是再来一遍，可是，他依然觉得不对劲。演奏者应该是按照乐谱在演奏，不会有错啊。这时作曲家也走出来，此时，除了马克以外，所有人都认为没有错误，这会不会只是他的错觉呢？那时，即使是马克，也有些动摇了，但最后他还是坚持说："谱子错了"。

其实，这正是试探指挥者自信的考试，简单地说，就是当指挥者感觉出错时，即使周围的人都持相反的意见，还能坚持自己音乐主见的人，才是自信的指挥者。从马克的故事中，我们可以看到在与自己持有不同意见的人占大多数的情况下，要坚持自己的主张是多么不容易。

还有一个著名的实验，在实验中，测试人员让九位受测者观察画有一条线的图片和画有三条线的图片，然后分别询问一条线和其他三条线中哪一条等长。乍看之下，这是一个毫无意义的实验，但九人当中有八个受测者是所谓的"串通者"，他们被指示作出错误的回答，以便考验第九个真正的受测者，在"串通者"的误导下，到底会有什么反应，这才是这个实验的真正目的。实验的结果显示，第九个受测者全部受到了"串通者"的影响，从而做出了错误的判断。

在日常生活中，每个人都很容易受到其他人的影响，为了附和他人，即使明知自己的意见、判断是正确的，也会轻易放弃自己的主见。就如同"随声附和"这个词一样，完全不考虑事情的对错。像马克这样，对自己的判断力非常有自信，不屈服于"集体压力"，表达自己的意志，这是相当困难的。如果周围的人全都把白说成黑的话，你也会这么认为吗？

自信不等于自傲

想解除对方的戒心，就要利用人类的教训本能，变成一个"讨教者"。

自信是一种值得提倡的优秀品质，能够为人们带来诸多好处。但我们的世界从来不是黑白分明的，自信也绝不可能完美无缺。人们在自信的道路上不断前行，克服困难，取得成功。但往往就在人们为成功举杯庆祝时，自傲的萌芽却已经慢慢滋生了。

正如FBI资深心理学专家布莱恩·菲奇博士，在他的报告《态度与行为：自我实现的后果》中所说，现在的执法部门与以往任何时期相比，都处于一个更为复杂的执法环境之中，他们需要更加了解法律、掌握策略，与民众周旋，他们遭遇的精神病人和变态比以往任何一个时期都要多。这样的大背景，给特工学院的讲师们提出了更大的挑战，他们必须训练出比以往更加优秀的FBI探员，才能应付如今的复杂局面。但是，很多时候却是事与愿违。当讲师们一门心思地训练学员——更不要说庞大的训练经费——但却很难达到他们预期的效果。在FBI光环的笼罩下，随着能力的不断提升，新人们变得越来越自傲，以至于很难再接受新的思想和知识。这对于执法人员而言，是非常危险的信号。因此，如何才能保持学员的自信，同时消除他们的自傲，就成为当今FBI培训课程的重要课题。

想要操纵别人，首先就要重视对手，而自傲往往会让人产生错觉，小看对手。所以，自傲是心理操纵术需要小心避免的禁区。但自傲又是人的本性之一，在我们的日常生活中，自傲的表现随处可见。

每当新职员进入公司，公司的老职员都会十分开心，因为此时在自己面前会出现许多的讨教者，一些平常孤僻的人，此刻身旁也会有许多洗耳恭听的新职员。不仅是老职员，每个人都希望别人来向自己请教。

因此，要掌握心理操纵术，就要时刻保持谦虚的姿态，大海正因为不择细流，才变得无边无际，人生也是同一个道理。反过来，要操纵这种自傲的人也非常简单，只要放低姿态，让他得到优越感就可以了。在整理学术论文时，你或许会对老教授说"敬请教授不吝赐教"或是"希望前辈批评指教"，而这也是使论文的审核委员能对自己产生好感的心理术。当你如此虚心请教时，对方明知是客气话，也会放松审核的尺度。

这个方法最有效的就是对付阅历丰富的老人。老人都比较顽固，好批评人的不是，但是反过来，他们也是因为想把经验传给下一代，所以难免急于求成。为了要刺激老经验者的这种本能，不管他如何斥责，都要保持请教的低姿态，如此便能得到对方的关心，更能因此而获得益处。

如何克服自卑

并不是你长的太矮，而是别人长得太高了。

2007年4月16日，随着一阵猛烈的枪响，美国弗吉尼亚理工大学原本宁静的校园，顿时成为恐怖的人间地狱。23岁的韩国籍学生赵承辉在9分钟之内近乎疯狂地射出170发子弹，枪杀了32人，随后饮弹自尽。这一事件震惊了整个世界，人们不禁发出感叹：美国校园枪声何时才能停止！

在赵承辉邮寄给官方的视频录像中，他说道："我其实没有必要这么做，我可以离开，也可以逃走，但是我不会再逃走了。这不是为了我，而是为了我的孩子、我的兄弟姐妹。我为了他们才这么做。当机会来临的时候，我这么做了，我不得不这么做。"

校园惨案的频频发生引起了FBI的关注，在暴力犯罪分析中心一份名为《校园杀手：评估与透视》的报告中，FBI探员路易斯·J·弗里奇对轰动美国的18起暴力枪击事件进行了深度的解读。他在报告中指出：导致这些暴力枪击事件的主要因素之一就是自卑，凶手们虽然极力吹嘘自己，伪装成高傲的样子，但他们的自卑却是难以掩盖的事实。他们往往对集体活动极为冷淡，甚至在大部分时间里，同学会忽视他们的存在。

赵承辉正是如此。1992年他随父母一起移民到美国，但自卑使他很难融入到当地文化中，从上一段他将自己与当地人截然分开的语气，就可以看出这一点。而据他的同学回忆，平时的赵承辉也总是郁郁寡欢，很少与人交往。

前面说过，操纵术实际上就是双方心理的博弈，坚定者胜利，软弱者失败，而自卑正是软弱的渊薮。自卑源自于人们自身的缺陷，这些缺陷往往是天生的，很难被改变。

美国匹兹堡大学过去曾对一百多位毕业生进行追踪调查，研究身高与薪酬的关系。调查结果显示，身高6英尺（1英尺 ＝0.3048 米＝12 英寸）以下的毕业生，周薪平均为700美元；6英尺的毕业生，周薪为715美元；超过6英尺的毕业生，则为812美元。超过6英尺的毕业生，比6英尺以下的人的所得高出20%之多。这一组数据显示，身高的差别似乎与成就大小的关系重大。

根据美国社会学家费特曼的研究，身高差别的优劣，似乎也反应在美国总统选举的结果上。他研究过自1900年以来，每一届总统选举候选人身高的差别——也许是巧合，但结果显示，身材较高者最后都会获胜。根据他的调查，1968年的尼克松与汉弗莱两雄相争的结果，尼克松之所以获胜，是因为他的身材是5英尺12英寸，而汉弗莱仅为5英尺11英寸，换言之，获胜的关键，就在于多了这1寸。

那我们要如何才能克服肉体上的缺陷，在心理上处于优势呢？也许下面的这个例子会给你一些启示。

有一次我参加一个商业上的聚会，朋友向我介绍了一位身材矮小的美国朋友，他用了"他是个小拿破仑"（He is a little Napoleon）的比喻来介绍。这对身材不高却能取得一番成就的人是个不错的评语。同时，这句话也足以说明身高对一个人成长具有重要的意义。这位"小拿破仑"先生曾经对我说："当我和别人初次见面时，我绝不把视线停留在高于我眼睛的位置上，我会用双倍的力量握住对方的手，这就是我克服身材缺陷的方法。"

有个故事或许可作为这句话的注脚。从前有个乞丐对他跛脚的女儿说道：

"女儿啊！其实并不是因为你的右脚太短，而是你的左脚太长了。"

在这句话中，隐含着多么意味深长的哲理啊！

假愚蠢，真聪明

愚蠢和聪明都不是绝对的，在一定条件下，它们可以相互转化。

为什么枯叶鱼要伪装成枯叶，然后突然对猎物发动攻击？因为在猎物看来，枯叶是没有威胁的，所以也不会提防它。在双方的心理博弈中也是一样。如果从一开始你就表现得精明干练，虽然看上去占据了主动，但肯定会引起对方的警觉，从而处处防范。反之，如果你能够很好地伪装自己，打消对方的戒心，那么就很容易让对方在不知不觉间落入自己设置的圈套。

也许我们都被大荧幕中精明干练的FBI探员形象给欺骗了。真实的FBI探员永远都是善于伪装的高手。他们会根据不同的情况，戴上不同的面具，惟妙惟肖地演绎出不同的人。精明干练只是他们的面具之一，有时愚昧无知也是一种选择！

在1987年的胡克山连环杀人案中，FBI探员弗朗西斯正是巧妙地运用装傻，让傲慢自大的凶手自己讲述了作案的经过。当时，苦于缺少证据，警方虽然明知凶手是谁，却很难结案。在经过多次审问后，嫌疑人勒林对警方的侦破能力越来越表现得不屑一顾。参与调查的FBI探员弗朗西斯趁机向勒林出示了多张案发现场的照片，并依照照片做出了许多"愚蠢"的推理。勒林在听了近两个小时的推理后终于犯下了错误，他漫不经心地纠正了一个推理的小细节，而这个细节只有杀人凶手才会知道。就这样，弗朗西斯用"愚蠢"战胜了勒林的"聪明"。

愚蠢和聪明都不是绝对的，在一定条件下，它们可以相互转化。报纸上有一篇报道讲了这么一件事，某位记者采访某政府官员丑闻的事。一开始，这位政府官员对兴致勃勃前来询问的记者说："时间多的是，我们可以慢慢聊。"然后一屁股用力地坐下去。由于这种态度，一开始记者们的热度便被抑制住了，过了一会儿，茶水送来了。接下来发生的一连串事情令人大感意外：那位政治人物看起来不喜热茶，喝了一口热茶，便直呼"烫死了"，连杯子都打翻了。在收拾完茶杯之后，刚说了一会儿话，紧接着，他又忙手忙脚的，将烟灰缸也打翻了。这位在政坛上呼风唤雨的人物，这回却让记者见识到他的窘态，不知不觉中，记者们追踪丑闻的想法便渐渐淡化了，反而觉得眼前这位大人物十分亲切。

出现这样的情况，只不过是这个政治人物的巧妙手段而已。人们在看到平日风光无限的政治人物暴露出来窘态和弱点时，对此人所怀有的紧张感便会消失，相反地，还会产生接受这个人的心理倾向。所以，我们也可故意显露自己的窘态，使对方产生亲近之感，也许还可以把对方变成自己人。

一个人在某企业担任要职，在升职为经理时，他在就职的仪式上这样说道："我一向对数字不够敏感，所以请大家多多帮忙。"仅凭这一句话，一直战战兢兢迎接新上司的下属们，紧张感便一扫而空了。

但是某一天，当下属书面报告有误时，他又能正确地提醒道："这个地方数字有错误。"并督促其改正，事实上，这个错误其实是很细微，如果能这样持续一段时间，下属便会形成新的评价："经理说他对数字没概念，但其实他是相当精明的。"下属对他的信赖感也会随之增强。

布置自己的舞台

当你很容易怯场，或是与人交涉无法取得进展时，便可以利用某个上流权威作后台，让自己看起来更像大人物。

据说，当FBI探员加利·查克想要策反一个纽约黑手党家族的合作伙伴时，他精心安排了会面场所。他在书架上放置了一个橄榄球比赛的奖杯，在书桌上摆放了一个金灿灿的手枪模型，他的椅子宽大舒适，桌子干净整洁，他甚至安排在谈话过程中让同事打来几个求助电话，并用轻松平静的语气给予对方建议。总之，他在每个细节中，都流露出掌控局势、驾驭时局的能力。他的平静和掌控力在不知不觉间感染了对方，最终谈话取得了预期的效果，合作伙伴供出了那个黑手党家族的许多内幕交易。

FBI探员们总是说"约谈如同表演"，表演的成功与否不仅取决于演员的好坏、演技的高低，同样也取决于戏剧背景的布置。操纵对手，是在无声无息之中，让对方的心理产生微妙的变化，而背景恰恰就能做到这一点。

在现实生活中我们可以看到，许多高级餐厅或饭店成了骗子最常出入的场所。他们会事先详细调查饭店内部结构，甚至包括餐厅的菜单，以便给他们要下手的目标造成一种假象，好像自己是此地常客。即使有高度警觉心的人，也可能会因为骗子说的"厕所在转角那边"、"这家餐厅的生蚝最新鲜"几句话而变得深信不疑。于是，不知不觉地落入了骗子的圈套，造成意想不到的损失。

像这种欺骗的手法，就是很好地利用了餐厅这个道具，让自己看起来像上流社会的人士。比如，头一回与心仪的女孩子吃饭，选择的餐厅或饭店越高级，对方就越会对你的生活水准产生羡慕心理，说不定会觉得，今天请我吃饭的这个人，就是今后人生可依靠的对象。这也就是说，原有的紧张心情一扫而空，并把你当成值得信赖的人了。

像这种假装上流社会人士，就像刚才的骗子一般，事先做好调查是最稳当的。

但是，即使是初次光临的场所，要装成老主顾也并不困难。一般来说，高级的餐厅或饭店，大部分的职员都挂有名牌，你可以在一进门便迅速瞄过名牌，然后说："某某先生服务态度很好"、"某某先生，谢谢你的招侍。"应该不会有职员会说"我不认识您"这样的话吧！

手机的妙用

在工作时间，即使没什么事做，也要随时打电话，从而使人产生某人工作很努力的错觉。

每一次审问或约谈都是一次演戏的过程，在所有的道具中，手机可能是使用频率最高的一个了。由资深FBI探员乔·纳瓦罗和FBI心理专家约翰·谢弗尔合著的畅销书《别对我说谎》一书中，他们就曾详细介绍过审讯过程中手机的妙用。

在审讯犯罪嫌疑人时，让一个不在场的探员打来一个电话，这会让嫌疑人产生案情有了新进展的错觉。如果他真的有罪，即使不当场认罪，也会在脸上表现出惊慌的表情。如果是在分别审问多个犯罪嫌疑人时，这一方法就更加有效了。当他们看到探员在电话中低语时，会不由自主地联想到同犯已经招供了，这会在瞬间瓦解嫌疑人的心理防线。而FBI探员如果在接听电话过程中不时地向嫌疑人看上几眼，也许会更有戏剧效果。这时的嫌疑人会很自然地将电话内容与自己犯罪的事实挂钩，从而做出错误的判断。这就是手机强大的暗示功能，它能够向对方传达强有力的信息，干扰对方的判断力，以便达到操纵对手的目的。

其实，手机的妙用不仅仅是在审讯过程中可以发挥威力，在日常生活中，也可以成为我们操纵对手的工具。如果你和几个朋友在餐厅吃饭时，其中有一人每隔一段时间就接到电话，而他本人却带着好像有点不高兴的表情接听电话。看到这种情况，一定有许多人这么想："这人到底是在做什么大事的？"

事实上真的是这样吗？也许并非如此，在和朋友聚会的场合，频频接电话的人，应该不会是什么了不起的人物。如果真的是日理万机的大人物，则应该会有一些人帮他处理事务，除非情况特殊，否则重要的事情应该是以口头交待，而且所谓大人物，也不会因为私事而中途退席，破坏同桌朋友的兴致。

许多人都会认为，如果某人经常有电话，通常都是"交际面广"或是"大忙人"，而在办公室也有类似的情形。像这类电话，即使是私事，也很容易让人感觉与工作有关。利用这种假装忙碌的技巧，在工作时间，即使没什么事做，也要随时打电话，从而使人产生某人工作很努力的错觉。

对于演艺人员来说，更有假装忙碌的必要，这是一个"工作繁忙程度等于受欢迎程度"的职业，必须借着不停地忙碌，让歌迷、影迷和传媒感觉很像大牌的印象。在杂志、电视上经常可以看到演员或歌星们在机场的候机室被采访，甚至是在车内用餐的场景，与其说是因为忙碌，倒不如说是他们故作忙碌状来赢得观众的注意力。

目前，手机已经非常普及，经常可以看到有人在车上或是走路时打电话，像这种电话很容易给人一种忙碌的错觉——手机的确是一种很好的"故作忙碌状"的工具。

要成功，就先笼络反对者

将反对派变成赞成派，无形中，这个人便会成为自己最得力的助手。

电影《教父》曾让美国黑手党在一夜之间风靡整个世界，但与纽约黑手党著名的五大家族不同，芝加哥的黑手党组织只由一个家族掌管。弗兰克·卡拉布里斯是这个家族的族长，即组织内部所说的"老板"。20世纪70年代，弗兰克开始统治这个庞大的犯罪帝国，并在与执法部门的明争暗斗中不断成长。他们从纽约黑手党那里吸取教训，小心翼翼地避开毒品交易，将重心转移到高利贷、赌场等行业中，并用餐饮业和商业洗掉黑钱。他们知道谋杀会引起当局的高度关注，所以尽可能地使用其他手段来达到目的，但是不得已的时候，谋杀仍然是选择之一。

由于黑手党组织内部管理严格，行动隐秘，所以FBI探员们很难从外部渗透，摸清犯罪组织的底细。于是，他们开始从组织内部下手。1999年，FBI当局开展了名为"家族秘密"的行动，针对芝加哥黑手党展开调查，策反黑手党内部人士就是其中的一个主要内容。而结果证明，正是弗兰克的弟弟尼古拉·卡拉布里斯的证词，让这位曾经一手遮天的黑帮老大只能俯首认罪。2009年，弗兰克被指控18起谋杀，以及多起敲诈勒索，罪名成立，被判处终生监禁。

从上述案例中，我们可以发现笼络反对者的重要性。只要条件合适，对手的支持者也可以成为自己的支持者。所以，在你已经准备好与对手进行心理博弈之前，调查好对手的情况，以及他的盟友，并进行适当的笼络，那么在博弈开始之前，你就已经占据优势了。

在推销界中，"买主就是推销员"是重要的法则之一。例如，对于反对买车的家庭主妇，推销员会先将其说服，让原先反对的主妇变成自己的盟友。

反对者都有其极端的反对理由，如果非要改变此人强硬的立场，抵抗力会越来越强，此时不妨把反对派变成赞成派，以有力的方法来说服，无形中，这个人便会成为自己最得力的助手。

被称为"经营之神"的松下先生便颇谙此道，而使工会领袖成了他的信徒。

松下电器的工会主席——后藤写的《挨骂手记》中指出，自己当年是如何由反对者角色变成赞成者角色的。当时的松下集团中，有一个"步调一致"的委员会，建议员工上班要穿花衬衫、戴围巾、帽子，但反对这个提议的人也为数不少。

反对最激烈的是后藤先生，松下正是先将其巧妙说服后，再命令他去说服其他的反对者。后藤后来回忆道："他大概知道我是反对派的领袖，所以故意先对付我吧！"让反对分子的头目去说服全体员工，这个方法实在高明，也难怪松下电器从没有过劳资纠纷。

取得对手的认同

人们会从服装上读出有关一个人的各种印象，因为服装本身，带有自我"内在延伸"的功能。

一直以来情报收集工作都是FBI的重要任务之一。在每次与犯罪嫌疑人较量之前，他们都会事先针对嫌疑人进行大量的情报收集工作，然后进行细致入微的分析，进而找出成功战胜对手的方法。

对于不同的嫌疑人，采取不同的应对措施是非常重要的。有时需要让对手产生恐惧感，因而采取威胁恐吓、摆开阵势大干一场的做法；但有时，FBI探员却需要尽量保持一种轻松的氛围，以便从嫌疑人那里得到更加有用的信息。

2006年，美国肯塔基州柯芬顿市发生了一起凶杀案，一位富家公子在从酒馆回家的路上被人枪杀。FBI探员经过仔细排查，发现凶杀现场旁边的一间酒馆内很可能有人目睹了行凶的全过程。但问题是，酒馆内多是不务正业的小混混，想让他们在审讯室中与执法部门合作简直是天方夜谭。于是，FBI探员霍根决定在酒馆中会会这些可能的目击证人。这天晚上他并没有像往常一样穿上制服，而是穿了一件很随意的汗衫，配上一条褪色的牛仔裤，在酒馆中一边喝酒一边与里面的小混混聊天，污言秽语随口而出。虽然他一进酒馆就表明了自己FBI的身份，但觥筹交错和污言秽语马上消除了对方的戒心。最后，终于有人声称自己目睹了凶杀的全过程，并同意指证安德森——一位失业已久的保安——就是凶手。

取得对手的认同，是心理博弈前的重要准备工作，毕竟，我们都是有感觉的，都希望与同类人聚在一起，因为这样我们才会感觉轻松自在，而这种轻松自在的氛围，正好让心理操纵有了大展拳脚的舞台。

在双休日尚未普及时，某公司每到星期六，就有许多年轻的职员们不打领带，而只穿轻便服装来上班。因为星期六只上半天班，下班后就可以直接出去玩了。许多年纪大一点的主管对于这种作风，心理比较反感。但在某个周末，这家公司的一位主管，突然脱下西装，穿着比年轻职员还随意的服装来上班。过去这位主管，一直被当作老顽固而让人敬而远之，但从此以后，手下的职员便经常和他商量各种事情。

之前，这位主管与年轻职员们的关系比较僵，意见很难沟通，因此他私下里想，至少能在服装上与年轻人做一次沟通的尝试吧！因此，他才决定在周末改变自我形象，结果效果明显。年轻职员对这位主管产生了一种认同感，于是，便很容易打开心扉了。

事实上，服装是一种自我表现。许多国外政要，经常穿上轻便的运动服，便是想让人产生一种清新、年轻的形象。里根总统一到假日就换上便服，努力在广大民众心目中制造亲民形象，从而引起普通民众的共鸣。

由此可以看出，人们会从服装上读出有关一个人的各种印象，因为服装本身，带有自我"内在延伸"的功能。

打扮就是为了展现能让他人欣赏的形像，同时也可以正确传达出自我的个性。所以当与对方穿着同样的服装，便传达出共同的感觉和相似的想法之类的信息，并且表明了自己对对方怀有好感。

你的关系网络够大吗

与其在有事相求时才送礼，不如在还没有利害关系时送礼，更能让对方记忆深刻。

对于FBI探员来说，收集情报极为重要，而线人正是重要的情报来源之一。许多棘手的案件，正是在线人的积极配合下成功告破的。因此，发展线人，就成为FBI犯罪调查部探员的重要任务。

1942年，第二次世界大战正在如火如荼地进行着，美国国会为了确保一些重要的国家文物不受战火的侵害，决定将它们运送到别处保存。1944年10月，当"二战"结束后，这批国家宝藏重新回到华盛顿时，所有人都大吃一惊，10本著名诗人惠特曼的手稿竟然不翼而飞。当局责令FBI马上介入调查，要不惜一切代价取回这些珍贵的文物。

由于这次文物转移历时数年，又经过长途跋涉，以及多人运输看管，因此嫌疑人的数量多到了惊人的地步。虽然FBI探员努力排查，但一直没有结果。1995年，距离文物失窃已经几十年之久。一位FBI探员突然得到线人的报告，说4本惠特曼的手稿将在索斯比进行交易，FBI马上出击，终于找回了4本失散已久的重要文物！FBI当局从线人的报告中尝到了甜头，于是决定将其他6本手稿的细节公之于众，让全国人民组成强大的线人网，来共同寻找余下的文物。

这个例子向我们完美展示了关系网络的重要性，只有关系网络足够大，你才能找到长袖善舞的舞台，否则，如果舞台狭小，即使你有再大的本领，也只能感叹英雄无用武之地了。那么，我们该如何建立关系网络呢？其实，关系网络的建立就是操纵对手心理的过程，只要你手法得当，就能成功操纵对手，将其纳入到自己的关系网络中，从而为自己搭建起更为广阔的舞台。

有一位小企业的老板，待人处事相当有一套。他招待与自己有生意往来公司主管的做法简直是无懈可击，这位老板和别人最大的不同在于——他不只接待上层领导，对于年轻的新职员他也尽可能地热情款待。但并非所有职员他都接待，而是事先调查其在公司内的评价及学历、背景、工作能力等，认为将来有可能会独当一面的职员他才会去做。

如果听说某人升职，他立刻会热情祝贺，接着为了庆祝，又把他带到高级的消费场所去，由于这位刚升职的职员从未到过这种地方，因此对这位老板的厚爱非常吃惊，尤其是在自己对重大决策方面还没有任何的决定权，彼此没有利害关系的情况下。老板为了消除对方的疑心，便会说："由于与贵公司的往来非常密切，我只是想以这种方法来感谢贵公司优秀的职员。"不让对方有心理负担。如此一来，被这位老板厚待过的职员，如果以后晋升为经理，理应不会忘掉这位老板的关心。

礼尚往来，若是彼此之间形成利害关系，意图便显而易见，瞒不了人的，与其在有事相求时才送礼，不如在还没有利害关系时送礼，更能让对方记忆深刻。对于新上任的经理送上恭贺之礼，对方只会理所当然的接受，但若是送礼给调到其他部门的老长官，则收礼的人会更加受用。

曾经有一位经理，当他退休时，礼物和贺卡都比原先减少了大半。过年再也没有什么客人，一个人过着寂寞的晚年，突然，手上带着礼品的老部下来了。在这种情况下，这位退休经理会被对方的浓情厚意所感动。后来，这位经理又回到原公司当咨询顾问，不用说，他一定会重用这位部下的。所以说，利害关系不存在时的礼待，更能带给对方惊喜，且永志难忘。

第二章

人性的弱点是最好的切入点

人性的弱点一旦被人有效地加以利用，受害者往往很难再有还手的余地。这就是我们在操纵对手时，先要了解人性的原因。想要使用它，就必须先了解它。

崇高的名义

当被赋予一个崇高的目标后，即使是去做无聊的事，人们也会乐此不疲。

夜幕降临，阿富汗的首都喀布尔显得异常安静，提醒人们做晚课的钟声在空中回响，即使身处美国大使馆厚厚的围墙内，依然能够清晰地听到它们。但这里的FBI探员可没有时间去理会这些钟声，他们正在与远在7000英里之外的华盛顿总部进行视频会议，探讨他们在阿富汗执行任务时搜集到的重要情报。这里可是战区，是国家反恐战争的最前线！

如今FBI已经在61个国家设置了分局，但却没有一个分局的规模能够与阿富汗分局相媲美，也很少有分局像阿富汗分局这样处于极度的危险之中。在这里，75位顶尖的FBI探员负责搜集情报，调查取证，以及培训当地的执法部门。"我们这里的工作与战区的工作一样，"斯蒂芬·沃格特探员说道，"我们在这里最大的贡献就是保卫祖国，毫无疑问，我们的工作挽救了无数人的生命。"

谁都知道，在战区收集情报是一项极其危险的任务，但为什么还会有人义无反顾地投身战区，完成这些危险的工作呢？答案就在斯蒂芬探员的话语中。他们的工作关乎国家安全，关乎国内千千万万普通百姓的生命，他们是反恐战争的最前线。当这些崇高的名义加诸一身时，即使再危险的工作，也会有人义无反顾地投身其中。

渴望崇高是人的本性，正是这一本性鼓舞着人们不断为理想奋斗。但当这一本性被人有效地加以利用时，受害者往往由于本性使然，很难再有还手的余地。这就是我们在准备操纵对手时，为什么要了解人性的原因。想要使用它，就必须先了解它。

马基雅维利曾说："人是被欲望支配的动物，和其他动物不同之处在于，人有'正义的假面具'。"

的确如此，人只要有大名义作为借口，就能安心地按照欲望来行动，平常不敢做的事，此时也会放手去做！

例如，在战场上杀敌的士兵，平常会对杀人毫不在乎吗？答案当然是否定的，但因为有了"为祖国奋战"的崇高名义，再善良的市民也会挺身而出。

最近，有不少女性接到一些电话，对方为了"调查年轻女性的性行为"，即使对很传统的女性也会问一些不堪入耳的话。由于在电话中看不到对方的脸孔，再加上"协助调查"的名义，于是原有的羞耻心就被抛诸脑后了。

前不久，在建筑业爆发了官商联合舞弊案。虽然报纸杂志批评的很厉害，但反过来想想，难道员工不知道贪污舞弊是不对的吗？但是在"为了公司"的名义之下，尤其是对公司有强烈意识的个人，更会集体犯罪。

当然，若要让人奋发向上，此种心理技巧是相当有用的。当被赋予一个崇高的目标后，即使是去做无聊的事，人们也会乐此不疲。

公而忘私

对于私人利益，可以用整体利益把它模糊掉。

FBI对新人的培训是非常严格的，这些新探员必须在短时间内学会并熟练掌握各种技能，从而使他们能够在恶劣的环境下做出最正确的判断。但是，仅仅学习技能是远远不够的，对于职业道德的培训同样重要。为此，FBI特工学院特地与华盛顿特区大屠杀纪念馆达成协议，每年派遣将近1000名学员前去进行特殊培训。

这一计划被称为"执法部门与社会：大屠杀之殇"，在这个历时4个小时的课程中，学员们将会在纪念馆讲解员的带领下，细致地参观纪念馆，了解历史上那些惨案的每一个细节。FBI当局希望这次亲身体验，能够唤起学员们的社会责任感和法律意识，正如特工学院讲师道格拉斯·梅勒探员所说："这项活动能够让我们的学员深入思考道德品质的重要性，并让他们意识到为什么要在动乱时期保持自己的责任感，唤起执法人员的责任意识。"在参观过程中，讲解员埃利斯·贾维斯经常会这样问FBI学员："是什么让你们与众不同？在一切都陷入混乱时，是什么可以让你们依靠？是什么保证你们不会滑向人性丑恶的深渊？是什么阻止你们滥用自己的权利？"答案显而易见，就是社会责任感！

至今为止，这一活动已经开展了10年，超过6万名专业执法人员——包括1万名FBI学员参与到其中，并且他们中的绝大多数人都认为受益匪浅。学员卢卡斯说道："这是一项成功的计划，当我看到纳粹执政时期当地执法部门的堕落时，我不禁意识到，自己一定要看清对与错的界限，看清自己的决定可能导致的后果，这样我们才能时刻铭记自己的职责！"

职责会让人感到伟大，满足自己的自尊心（以及一点点虚荣心），这也是人性。正如前面我们已经说过的一样，了解人性，就了解了操纵对手的窍门。职棒投手马克斯是一位年薪极高的球员，但每一年仍会要求球团给他加薪。这一年，球团对要求加薪的他，采取不妥协的对立态度，当时马克斯的说法非常有趣，"我并不是为了个人的利益才要求加薪的，而是为了提高职业棒球投手水准才这样坚持的……"

每个人都会希望自己的薪水越高越好，即使只是普通的调薪，也会努力去争取，这是理所当然的事。而我想说的是，马克斯并没有公开表示这种私人欲望，相反的，他把年薪这种私人的欲求，用整体利益的观点来模糊掉。

在人类的心理深处，会崇尚"因公忘私"这种美德。作战时，"为了国家的利益"，让许多人奔赴战场；"为了公司"，许多职员为此默默地付出。像这种口号式的无形重担，紧紧地压在每一个人身上，认为"大我"才是真正存在的，因此"小我"的牺牲便被视为理所当然了。

许多商业上的公益广告也是以这种方式来拉拢消费者的，其实背后隐藏着的是"请注意我们的产品"。但是，当我们看到类似"关心老弱妇孺"或"为社会尽自己的一份力"，这种强调社会公益的商业广告时，却不会认为是商业，而会认为它是一种社会服务活动。

如果你是一家化妆品公司的老板，你要向员工灌输这种观念："我们公司卖的化妆品，不只是为了赚钱而已，因为我们的化妆品除了能美化每一个人之外，还能让她们在用过之后，身心各方面都能得到更多的满足。"类似这样的话在商业的目的之外，更赋予社会意义的内容，而使商品的行销获得更多的认同，并达到刺激消费的目的。

心理暗示作用

不论是谁，只要他有自信，那么，他所传达的信息也会令人信服。

很多人都知道"FBI"是联邦调查局（Federal Bureau of Investigation）英文单词的首字母缩写，但却很少有人知道"FBI"的另一层含义。它也是FBI探员的信条：忠诚（Fidelity）、勇敢（Bravery）、正直（Integrity）三个单词的首字母。百余年来，这一信条在一代代FBI探员中流传，溶入到他们的血液之中，成为他们精神力量的所在。这就是信条强大的暗示作用。正如每天早晨对着镜子说"我是最优秀的"，是非常有效的自勉方式一样，在日常的工作和生活中不断重复"忠诚、勇敢、正直"的信条，也同样给FBI探员以心理暗示。让他们在潜移默化中，坚定自己的社会责任感和法律意识。

但心理暗示作用绝不仅仅只有这些，它还可以影响到周围的人。而这也正是FBI探员在工作中经常使用的手段之一。2011年1月20日，FBI和纽约警方展开联合行动，针对纽约及其周边地区的黑手党势力进行了大规模清剿。在这次行动中，共逮捕纽约五大家族黑手党成员127人，另有1人在意大利落网。这些人中包括76岁的"老板"安德鲁·索鲁，73岁的"二老板"本亚明·卡斯泰拉佐，以及74岁的"军师"理查德·富斯科。可以说，这是一次极其成功的行动。但是，这次行动虽然看起来进行得极为顺利，其实在筹划阶段却因为证据不足，而让FBI探员们倍感焦虑。

此时，污点证人提供的信息就成为非常珍贵的证据。但是黑手党内部管理严格，被捕后的成员，最为常见的行为就是保持沉默，拒绝出庭作证。为了让这些人开口，探员们可谓绞尽脑汁，用尽各种方法，其中就包括心理暗示法。在审讯这些犯人时，探员们不断重复"我可以帮你减刑"、"作证将对你有益无害"、"我们一定会清剿黑手党"、"我们一定会成功的"之类的言语，这种自信最终感染了犯人，同意成为污点证人，并提供了大量证据，包括数千小时黑手党头目之间的谈话录音。其中一个名为萨瓦多尔雷·维塔勒的前黑手党成员，甚至提供了至少11起谋杀案的信息。正是有了这样大量的信息，FBI与纽约警方才得以成功实施这次清剿行动。

在这个世界上，有着许多类型的辩论家，其中最具代表性的，大概就是由政治家所代表的"自信型"吧？听他们说话，简直就像世上根本没有不可能的事一样，真是令人不可思议。其实，这正是因为他们遵循着一个真理，可以把几乎完全相反的主张，以绝对自信的方式表现出来，而让人信以为真的缘故。

不论是谁，只要他有自信，那么，他所传达的信息也会令人信服。理由之一便是——在自信者所说的话中，"绝对"、"一定"、"百分之百"或是"全"、"总"、"都"等之类完全肯定或是完全否定的修饰语，被使用得很多的缘故。例如在选举中，当选举达到最高潮时，用"一定作到"、"我绝对会回报你们对我的信赖"、"我可以发誓"等言辞，反复地运用此类言辞，诱使别人把票投给他。

我们虽然总认为事情没有如此简单，但却会更倾向"有可能"的这种想法。所谓信息，与其表现得暧昧，不如以绝对性的用词更能表现其传染力和说服力。

能够巧妙利用这种人类心理弱点的人，可以很容易让别人受骗上当。"绝对便宜"、"完美"、"成功率百分之百"这种太过确信的断定表现，实际上会不会是一种圈套呢？这实在值得我们思考再三。但是，对一个缺乏自信的考生来说，"你一定没问题的，考试时要多加油"之类的话，把不确实当作确实的"欺骗心理学"，对他建立信心将有很大的帮助。

大家都是这样做的

人具有希望和他人一样而不希望与众不同的"同调心理"。

FBI探员通过调查大量的犯罪案件发现，与个人犯罪相比，团伙犯罪的成员在作案时具有更大的心理优势。这就是集体的力量，身处集体之中，不仅可以得到某种程度的安全感，在犯罪时，还可以获得些许的轻松。因为过错是大家共同犯下的，所以就要共同承担，这样背负在个人身上的重担瞬间就轻松了许多，让团伙成员感到如释重负。

这是团伙犯罪的优势所在。但有的时候，优势与弱势往往可以在瞬间发生转变。当犯罪团伙被捕后，由于彼此之间都知道犯罪的事实真相，因此非常担心同伙会向执法部门举报，这样不安全感就会迅速提升，甚至占据主导作用。

而FBI探员在审讯过程中，经常抓住团伙犯罪成员的这一心理，将各个嫌疑人单独审问，当其中一人心理防线崩溃，说出犯罪经过后，将他的证词录音并播放给其他嫌疑人听，很容易就可以让他们当场认罪。这就是所谓的"同调心理"，即人们希望与大家保持一致的本性。

在前面提到过的前黑手党成员萨瓦多尔雷·维塔勒成为污点证人的过程中，同调心理就发挥了巨大的作用。维塔勒被捕后一直坚守着黑手党内部"沉默"的准则，坚决不与FBI合作，但当他得知其他被捕的黑手党成员，由于同意成为污点证人而获得减刑时，他的心理防线崩溃了。他的心理其实很容易理解，一开始他与那些被捕的黑手党成员互相寻求支持（包括精神上的和身体上的），决心履行黑手党的准则，因为他知道其他人也会这样做的。但得知那些人纷纷打破这一准则成为污点证人后，他的心理也发生了转变，"既然大家都这样做了，我为什么还要坚持呢"，于是，他也成为了一名污点证人，并提供了数目可观的犯罪证据。

在日常生活中，同调心理无处不在。当新的流行趋势袭卷整个市场时，如果女人不穿迷你裙就好像不算女人似的，但流行一过，还有谁会穿迷你裙呢？从这里我们可以得知——人具有希望和他人一样、而不希望与众不同的"同调心理"。所以，对于不肯合作的人，可使用"同调心理"使之乐意合作。例如，大家都在积极工作，那些没有事做的人，内心便会不安，最终会和众人一样一起去做事。

前几天，我去转了转新开的楼盘，接待人员让我在一张表上填写姓名住址，我认为没必要，正犹豫不决时，他说："花不了您多少时间，大家都是这样做的。"

时隔不久，同样的情形就发生在我妻子身上，她邮购一件物品时，公司打电话来要我家及我公司的住址、电话号码。按说这种邮购方式，以现金付清即可完成买卖，根本不需要知道这些信息，但卖主说是"为了建立完备的顾客档案"，最后他还再加一句："其他顾客都是这么和我们合作的。"

想要让对方合作，"大家都是这样做"的说辞，可以说是个很有效的办法。小孩子最怕孤独，因为孤独会使他们感到不安，所以，"隔壁的某某也是这么做的"之类的话，可以刺激小孩子的行为。在成人的世界中，虽大多数能够独立自主，甚至有时想要独树一帜，但内心里都害怕标新立异，所以才会上当，这就是人性的弱点之一。

流言蜚语有妙用

先坦白说出信息非百分之百的正确，反而会让人相信。

西方有句谚语："好奇害死猫"。自从尤金·奥尼尔在剧本中使用过这句话后，它便迅速深入人心，被人们广为应用。这是为什么呢？因为它恰好说出了人的本性。人生来好奇，好奇便喜欢到处打听，于是就产生了流言蜚语。

FBI当局深知流言蜚语的危险性。2011年1月，FBI探员、公共行政学硕士特雷西·G·戈夫在一份名为《透析》的报告中这样写道："毫无疑问，执法人员的工作是非常危险的。面对有形的威胁，他们可以用熟练的技巧和精良的装备来化解，但还有一种无形的威胁，却在不知不觉中渗透到警局的每一个地方……如果流言蜚语与办公室政治相结合，那么它的破坏力将是不可估量的。"正是看到了流言蜚语可能造成的严重后果，2005年，FBI开始设立专门机构，针对各种流言蜚语调查取证，从而稳定人心，打击办公室政治，提高工作效率。

相信流言蜚语是人的本性，这正是流言蜚语的可怕之处。因此，经常会有人别有用心地利用流言蜚语，来传达某个特定的信息。比如，在工作中，会有人故意制造谣言，来诋毁那些阻碍自己的同事，败坏他们的名誉，从而达到自己的目的。流言蜚语的内容往往是不确定的，我们经常能够听到"我听说他……"、"据说他……"、"某某告诉我那个人……"这样的话，由于所表达信息的不确定，往往容易让人产生联想的空间，当听到这些话的人将自己的理解加入其中后，就会很自然地相信这些话了。因此，与确定的消息相比，人们更倾向于相信那些不确定的消息。

在一次教育座谈会上，有位母亲起身发表意见，开头第一句话就是

"我不是专家"，然后再说明学校及家庭对教育的重要性。她的发言中规中矩，却能抓住人心，可是事实上，她所说的并不是精辟独特的见解，之所以她的话产生说服力，就是由于她开头时所说的"我不是专家"。

当天出席的人中，学者专家不乏其人，但彼此的意见互不相让，这时说出"我不是专家"，反而给人一种坦白、谦虚的感觉，让人容易接受。

前不久有个引起轩然大波的新闻，一位著名的经济学家在公开场合上说："我的消息还没有经过证实……"然后，他披露出一些重要的经济政策。虽然这不是事实，但给人"可能会有"的印象，经济学家后来公开致歉，虽然他事先曾经说过没有经过证实，但还是惹上了麻烦。

在报纸杂志上，如果不写明新闻来源，先来句"根据可靠消息"，反而表明无可靠性。相反的，如果说"这可能是不太正确的消息"，反而让人信以为真。所以，先坦白说出信息非百分之百的正确，反而会让人相信。

传达消息者，如果说"没有经过证实"，往往容易让人觉得"这相当确实"，所以可以善用这项人性的弱点。

打消戒心

人的戒心一旦被突破，人性中的脆弱点就会暴露，让一步便等于让一百步。

2011年7月至8月间，FBI接到一些列关于某种网络诈骗的举报，受害者的遭遇非常相似。他们先是在某个合法的网站上发现了自己喜欢的汽车，而且价格非常便宜，于是通过广告上面的地址，用电子邮件联系卖主。卖主也会通过电子邮件进行回复，在邮件中，他们都讲述了自己要低价出售汽车的原因。然后，卖主会告知消费者，出于安全考虑，他们的交易将在另一个网站上进行，然后以某个大型网络公司的名义向消费者提供保障，如易趣网。通过这个新网址，消费者被要求将资金打入一个中转账户。同时，诈骗犯还会以某个大型网络公司代理的身份，通过网络聊天工具，回答消费者提出的问题，打消他们的顾虑。当消费者最终发现自己上当受骗后，诈骗犯和中转账户里面的资金，早就消失得无影无踪了。

为此，FBI官方网站于8月15日发表了一份名为《网上购车，小心上当》的声明，声明说道："如今，网络上几乎可以买到各种商品：服装、披萨、音乐光碟、旅馆房间，甚至还有汽车。虽然大部分购物网站都是合法安全的，但还是有一些网站被犯罪分子恶意利用，从中牟利。"随后，FBI心理专家对类似的诈骗案件进行了分析，认为这些诈骗正是巧妙利用了人的本性，他们往往会相信那些名声在外的大型公司，从而忽略其中的某些细节，而诈骗犯正是在这些细节上下功夫，如插入一则广告，将受害者引诱到一个毫无保障的新网址，一旦受害者的戒心被消除，他们就很容易上钩，然后步步设局，最终使其上当受骗。

"推销是从被拒绝开始"，这是被誉为"经营之神"的洛克斐勒先生所说的名言，的确如此，推销员在第一次被拒绝时，可以根据接下来的推销术来判定其是否精明能干。

能干的推销员即使被拒绝也不会退缩，"请再听我说几句话"或是"请再给我5分钟"，如此提出比较简单的要求。对于这样的要求，对方常常会想，"是啊，这样对我也没什么坏处。"于是，潜在的"受害者"就这样上钩了。

顾客若无明确的理由拒绝，就只好接受对方所提出的条件，这是人之常情。"只要5分钟"，就不得不奉陪了，推销员抓住的就是这个大好良机。

对方一旦失去戒心，能言善辩的推销员会把"5分钟"延长至"10分钟"或"20分钟"……本来只是姑且一听，最后却会乖乖地掏腰包了。

假装提出条件，事实上，是把对方引到无条件说服环境之中。

从上例中可以看出，人的戒心一但被突破，人性中的弱点就会暴露，让一步便等于让一百步。

向人家借10万块，但一开始不说10万，而是说5千、1万……提出对方可能提供的小数目，先解除对方的戒心，等对方戒心已被攻破，再说出真正所需的金额。对方此时是骑虎难下，只好勉为其难地借款。也就是说，当对方的戒心被突破后，说服就成功了一半。

人情债，伤不起

让别人觉得欠你一份人情，他便会想找机会偿还，希望以此来平衡人际关系。

FBI探员丹·凯利曾参与过多个案件的调查，对于大多数受害者，她都可以秉持职业的态度进行处理，但有一个案件除外，那就是马库斯·金一案。

事情要从2000年开始说起。当时，年仅13岁的马库斯遭遇了人生中最悲惨的一幕，他的父亲枪杀了母亲，随后被捕入狱。马库斯被纽约弗拉兴区的拉德汉姆斯与艾丽莎夫妇收养。由于这对夫妇在自己最痛苦的时候伸出援手，马库斯心中充满了感激。

大约6个月后，马库斯被告知由于母亲的意外死亡，他获得了50万美元的保险费，但这笔费用要等到他年满18岁时才能得到，在此之前，保险公司将代他管理。

马库斯18岁时，他得到了这笔钱。虽然他早已计划好了这笔钱的用途，但他的养父母却建议将这笔钱投资到地产上去。虽然马库斯极不情愿，但5年的养育之恩让他无论如何也不能拒绝养父母的请求，于是他照做了。随后，艾丽莎又建议马库斯将剩下的20万美元，以她的名义存入银行，做为回报，马库斯每月将获得银行1000美元的利息。马库斯当然不想把这些钱以养母的名义存入银行，但既然她开口了，自己又怎么能反对呢？于是他再次照做了。但是，让马库斯万万没有想到的是，他仅仅收到了两个月的利息，随后养父母就将剩下的钱全部取出，从此消失得无影无踪。

2011年，拉德汉姆斯与艾丽莎夫妇在佛罗里达州被捕，他们将近41万的财产也被全部偿还给了马库斯。马库斯事后回想，当养父母多次向他要钱时，他也犹豫过，甚至怀疑过，但养育之恩却让他难以开口拒绝。

人情源自于我们的本性，虽然父母用人情为借口欺诈孩子的情况很少见，但普通人之间，甚至是朋友之间的人情债却是屡见不鲜。而在日常生活中，如果能够好好利用人情，也完全可以达到操纵对手的目的。

前几天，有位能干的推销员来推销现在最热门的电脑，事后我才发觉他的谈话技巧相当高明，而其关键就在于"谢谢你"三个字。像这样普通的一句话，会使你在不知不觉中减少了对对方的敌意，在心理上做了大幅度的让步。

当天的对话是这样的：

"先生，你对现在的电脑很内行吧！"

"知道一点。"

"谢谢你，那……怎么样，要不要买一台试试？"

"我现在并不需要这台电脑。"

"谢谢你……"

整个过程就是这样的，不管我回答什么，他都要谢个老半天。有时我干脆断然拒绝："现在还派不上用场。"可他还是说："谢谢你！"让人有点哭笑不得。后来我说："你从头到尾谢个不停，实在有点……"这个时候，我们都笑了，但我也因此失去了抗拒心理，对他推销的电脑也发生了兴趣。

即使对方否定，他仍是道谢，"你愿意听我说话，我十分感谢。"让别人觉得欠他一份人情，便会找机会偿还，希望以此来平衡人际关系。

产生人情债的原因有很多，并非只限于"谢谢你"三个字。没有受邀，便西装笔挺地登门造访，结果打扰了对方的休息，而觉得有欠债的感觉；或是在交涉时，对方到得比较早；或是在面对卖蔬菜的小贩时，我们觉得他们很辛苦，会忍不住向他们买点东西，想减轻一点他们的负担。以上这些，都是此种心理作用下所产生的结果。

立场决定态度

态度决定一切，什么决定态度？

人是群居动物，我们天生就想要寻找同类。"酒逢知己千杯少，话不投机半句多"，说的正是这一本性。所以，想要对方说出真话，最好的办法就是与他站在同一立场上，让他觉得你是他的同类。对于这一方法，精通心理学的FBI探员们自然深谙此道。

2010年8月28日，阿肯色州萨拉多市发生了一起纵火案，25岁的托尼·布兰斯科姆和23岁的布拉德利·布兰斯科姆，在19岁的同伴柯蒂斯·科菲的协助下，将一名非裔美国人的房子点燃。

面对FBI探员的审问，三人都是满脸厌恶，一言不发。虽然从表面上看，这很可能是一起涉及种族主义的案件，但是在嫌疑人交代作案动机之前，FBI探员并不敢草率做出判断。负责审问的探员凭借多年的工作经验，猜想这三名年轻的嫌疑人，很可能容易产生情绪波动，而这正是诱导他们交代犯罪动机的绝佳时机。于是，他主动站到嫌疑人的立场上来看待问题。

"你讨厌黑人？"

托尼没有说话。

"你们觉得自己有权利对拥有不同肤色的美国公民实施暴力犯罪？"

托尼的身子让前倾斜了一点，很好，这是情绪激动的表现之一。

"但是黑人也是美国公民，即使肤色不同，他们也拥有和你同样的权利。"

托尼鄙夷地说道："上帝的皮肤是白色的，黑鬼有他们自己的神。"

"所以你们用浸泡过汽油的木制十字架点燃了他的房子？"

"是的，我就是要警告他们！"

至此，一切都清楚了。FBI探员平静地对托尼说道："你知道吗，你的神是犹太人，而你站立的这块土地曾经属于黄种的印第安人。"然后，他转身离开了审讯室，只留下一脸错愕的托尼，在那里独自品味这句话的深刻含义。由于侵犯私人财产和住房权，托尼和布拉德利将面临10年的牢狱生涯以及25万的高额罚款。他们将为自己的罪行付出代价。

在这一案例中，FBI探员的审讯方法向我们展示了这样一个事实：立场决定态度。当丈夫退休时，离婚的比率便会增加，而且几乎全都是妻子主动要求的。糟糠之妻的背叛常会让做丈夫的感到十分意外，而且这种状况通常都不是最近才想到的。

大致来说，那些男人对身边的人往往不加重视，等到对方受不了背叛时才恍然大悟。与其说对方狠心，不如说是自己无能。人其实都是带着假面具生活的，虽无意骗人，但却有不愿让人知道真实自己的心理。

越聪明的人，越能让对方说出真心话，因为只有了解对方的心理后，才能掌握主导权，如果采用逼迫的方式，对方反而更会有所隐瞒。

要让对方说出真心话的方法之一就是深层次接触，给予对方同情与关怀。例如，对不想说出心理问题的病人，最好说"如果我是你，我也会做同样的事"，或是"你的处境我非常理解"，如此一来，对方便会坦诚相待，警惕心一旦松懈，内心深处的话也就会说出来了。

在社会调查中，由于问题制作不同，答案也会完全不同。例如，在做"女性管理者状况"的问卷调查时，若是问："女性主管增加的趋势是可喜的现象吗？"赞成者占60%，反对者占30%，赞成者居多数。可是，如果问题是："你是否愿意在女性主管手下工作？"赞成者只有26%，而反对者则高达60%，因为后一个问题涉及"自己的立场"，因此引出了真心话。

缺点很关键

人们会在对方承认错误之后，放松原有的警戒心。

杰克·加西亚是公认的FBI金牌卧底，在他26年的职业生涯中，参加了超过100次的卧底行动，并且全部出色完成任务。而他的谢幕表演——打入纽约黑手党甘比诺家族内部，绝对是他整个职业生涯的巅峰之作，他甚至为此写了一本回忆录《扮演杰克·法尔科内》。

甘比诺家族是纽约历史悠久的黑手党五大家族之一，在20世纪60年代的全盛时期，甘比诺家族的触角几乎涉及纽约的每一个犯罪领域。如今，虽然早已衰落，但甘比诺家族仍然是纽约的毒瘤之一。为了打击甘比诺家族的残余势力，2002年12月，杰克·加西亚接到任务，以生活在纽约的第五代意大利移民杰克·法尔科内的身份，接近甘比诺家族的重要头目德帕尔马，搜集犯罪证据。在两年的时间里，杰克凭借出色的能力，成为德帕尔马的得力助手，不过由于他过于出色，德帕尔马对他处处防范，很难完全信任他。

杰克精通心理学，深知人性的弱点，他知道应该如何让老板对自己放松警惕，他只是在等待时机。很快，这个时机就来了。德帕尔马有一个名叫皮特·维奇尼的手下没有定期"上供"，于是德帕尔马决定教训一下他。当打手瓦卡罗挥舞着水晶烛台，像敲碎西瓜一样敲碎了维奇尼的脑袋时，杰克马上装出了恐惧的样子，并试图组织瓦卡罗痛下杀手。这一举动当然被德帕尔马看在眼里，他在心里暗想：原来这个大个子也有胆怯的时候。原本的戒心就这样消除了。

不久，杰克送给德帕尔马一部手机，德帕尔马欣然接受了。在这部手机中，不仅安装了窃听装置，还有一个全球定位设备，让FBI探员可以随时追踪德帕尔马的位置。如果在以前，德帕尔马绝不会这么轻易地相信杰克，但自从他打消了戒心，也就不再对杰克步步设防了。

2005年3月9日凌晨，FBI当局认为时机已到，开始实施抓捕，在这次行动中，共有32位甘比诺家族成员落网，德帕尔马首当其冲。

杰克·加西亚之所以能够出色地完成这项任务，正是由于他具有洞察人性的能力。他知道在对手小心防范的情况下，自己很难施展拳脚，但只要适时暴露一点小缺点，就可以轻易突破对方的心理防线，这就是人性。曾经有位记者告诉过我，如果想要在禁止摄影的场所携带相机入内，有这样一种技巧可以利用。那就是以非常明显的方式，将一部相机放在极易被看到的地方，当然，管理员会发现你所携带的相机，这时只要老老实实地将相机交出保管就是了。但事实上，这是一部作为掩饰用的相机，而在自己口袋当中，早就预备了另一台小型相机，除非意外被发现，否则很少会被追查出第二台相机。

像这种以假的相机来掩人耳目的方法，乍看之下似乎微不足道，但却是突破一般人心理防线的重要方法。为什么呢？因为人们在完全投入从事某件事情时，一旦事情完成，暂时的紧张心情也就跟着松懈下来。以管理员的立场来说，因为搜出了相机，因此便完成了禁止携带相机进入会场的工作，所以便会放松下来，但他怎么也想不到竟然还会有人准备了另一台相机。

准备充分的人，会看准这个人性的弱点，而故意让对方发现一点小恶，从而隐藏了大恶。例如，恶意的逃税者会让会计先在账簿上制作一些微不足道的小错误，税务员当然会发现这些错误，而对方也会承认错误，若是经验不足的税务员，便会对于"小错误"的发现感到满意，却漏掉了背后所隐藏的"大错误"。

骄傲是陷阱

要说服对手是相当困难的，正面冲突往往会增强对方的抵抗心理，尤其是在自己处于优势时。

1997年8月，美国阿莱曼市连续发生两起入室抢劫杀人案，行凶者手法非常相似，都是在深夜撬开窗户进入受害者的房屋，用利刃将受害者喉咙割断，然后将屋内现金洗劫一空。由于凶手作案时非常小心，没有留下一点证据，所以当地警局立案一个多月仍无进展。于是，FBI探员哈德曼介入调查，他做的第一个决定出乎所有人的意料，居然是在媒体上公开承认，由于凶手狡猾异常，案件调查没有丝毫进展。他的声明立刻引来愤怒民众的抗议，尤其是在临近地区又接连发生两起作案手法相同的案件后，哈德曼完全成了众矢之的。

但是，就在第四件凶杀案发生后不久，FBI探员就在阿莱曼市郊区的一所小房子内逮捕了凶手，在抓捕现场，哈德曼讲述了自己破案的方法。

原来哈德曼接手案件后，发现凶手确实非常谨慎，没有给警方留下一点有用的线索，但是由于凶手杀人手法残忍，杀人后还不慌不忙地洗劫财物，然后清理留下的痕迹，由此可知凶手是有预谋的作案，并且很有可能再次作案。于是他在媒体上放出风声，直言调查毫无进展，既可以让民众加强警惕，又可以减轻凶手的戒心。他知道，出于某种变态心理，这种手法残忍、思路清晰的凶手往往事后会关注媒体对自己的报道，当看到警方拿自己毫无办法时，必然产生微妙的心理变化，会在不知不觉间骄傲起来，原有的小心谨慎也会随之改变。

事实与哈德曼的料想完全一样。凶手杰西在后两起凶杀案中明显大胆了许多，也不再像以往一样谨慎。FBI探员在案发现场不但发现了床头柜上清晰的指纹，还在死者身上找到了凶手的头发。更加幸运的是，杰西5年前曾因为盗窃，被警方提取过指纹和DNA样本。就这样，阿莱曼市的噩梦结束了。

骄傲会让人放松戒心，盲目行动，这样就给了我们操纵对手的机会。在日常生活中，有目的地夸奖对方，或者贬低自己，就可以很容易让对方陷入骄傲的陷阱。

曾经在一次拳击比赛中得到冠军的山姆，在最近一次比赛中，被对手击倒在地，头衔也被对方夺去，他决心要雪耻复仇。

不久后，山姆和卫冕者共同出现在记者招待会前，山姆面带大口罩，穿着外套，没有记者采访他，大家还以为他得了感冒身体欠佳呢。

相比之下，卫冕者却身体强壮，精力充沛，一副信心十足的样子。比赛前两个人的露面，胜负似乎已见分晓。但在正式比赛当中，被击倒的却是卫冕者。人们这才意识到，原来山姆在招待会上，故意让对手骄傲，产生轻敌之心。

要说服对手是相当困难的，正面冲突往往会增强对方的抵抗心理，尤其是自己处于优势时。此时，必须进行必要的掩饰，削弱对方的对抗心理。一般人在批评敌手时，往往会小看对方，增强自己的信心。利用这一心理盲点，对敌方说："我没什么信心"、"恐怕不太顺利"，公开示弱，降低自己的价值，对方的抵抗心理就会大大减弱。

心理防线一旦松懈，对方的内心就会产生空隙，利用此空隙，再提出己见，让对方没有时间进行后续准备，便极有可能战胜对方。

被山姆击倒在地的卫冕者，也许在体力上尚能支持，但他无法恢复自信，只好以十分茫然的表情，躺在地上听裁判计时。

第三章
获得对方好感的技术

　　拉近彼此的距离，消除对方的防范心理，是实现操纵的重要环节。因为人们对不喜欢的事物，往往会采取不认同的态度，而对于喜欢的事物，则会倍感亲近。

好印象从称呼开始

如果说目前和对方并不亲密，又不想在建立亲密关系上浪费太多的时间，不如运用改变称呼这种简单的方法。

称呼有多重要？前FBI探员马克思·洛克会用自己的经验告诉你。1977年，俄克拉荷马州杜兰特市发生一起凶杀案。菲尔斯一家在雷德河岸边野营时遇袭，夫妻二人均是头部遭受钝器重击，当场死亡。但他们7岁的儿子凯森虽然同样身受重伤，却奇迹般地存活下来。手术后，FBI探员前来探望小凯森，希望从他那里得到一些有用的信息，从而尽早破案。可凯森由于惊吓过度，连一句完整的话都说不出来。见此情景，马克思知道要想从凯森那里获得信息，必须先要安抚他的情绪。于是，他在凯森身边坐了下来，握着他的手问道："你好，我叫马克思，你叫什么名字？"孩子沉默了一会儿，然后低声答道："凯森。""真巧，我的侄子也叫凯森，他今年7岁，你几岁了？""也是7岁。""真是太巧了。我侄子非常喜欢汽车模型，你喜欢什么？""小狗。""你养过小狗吗？""养过，它叫罗伊。""我侄子也养了一只狗，叫快乐。我觉得你和我侄子一定能够成为好朋友。你的伤口还疼吗？""嗯，非常疼。""你还记得打你的那个坏蛋吗？""嗯，他力气很大，拿棒球棍打我，还有我的妈妈，我妈妈在哪里？""你还记得他的样子吗？""是的。"随后，凯森向马克思描述了凶手的外貌，FBI马上将这些信息通过媒体向外界公开，并在五天后，通过市民的举报，将凶手逮捕归案。

马克思事后说道："当时凯森的状况很糟，不但目睹了双亲被杀，自己也身受重伤，因此他对陌生人产生了严重的不信任感。我只有找到突破口，赢得他的信任，才能获得想要的信息，于是便从称呼入手。我当然没有一个叫凯森的侄子，但这却是一个打破僵局的好办法。他开始的时候还是不信任我，回答我的提问也只是一两个词，但当我听到他介绍自己的小狗时，我知道，他的戒心消除了，我可以切入正题了。事实也正是如此。"

人们在见面的时候，通常都是从互相打招呼开始，因此，称呼就成为人们日常交际的敲门砖。如何用好这个敲门砖，也就成为人际关系学的重要课题。日本前首相中根曾康弘，刚上任的时候，受邀前往美国访问。在和当时的美国总统里根会谈时，中根曾康弘称呼里根总统为"RON"，里根则称呼他为"YAS"，一时传为新闻界的热门话题。"RON"为里根的英文昵称，"YAS"为日语"康"字的发音，他们互相以亲昵的名字相称，使得会场洋溢着友善而融洽的气氛。两个人相互之间的称呼方式，可以表示双方亲密关系的程度。

从心理学的观点看，两者的距离逐渐拉近，称呼也会从"头衔"转变为全名，再进而变成"昵称"，这种说法已经获得证实。倘若我们要说服某人时，也可利用这种关系，如果说目前和对方并不亲密，又不想在建立亲密关系上浪费太多的时间，不如运用改变称呼这种简单的方法。

就像中根曾康弘访问美国时，虽然之前从未与里根总统见过面，但因为称呼的方式，直接拉近了彼此的亲密关系，也促使双边会谈能够圆满完成，由此可见称呼方式的重要性。

一般而言，身处上层或个性比较封闭的人，会让人觉得距离遥远而难以接近，为了不让对方误以为自己装模作样，也可以运用类似的做法来处理。

拉近彼此的距离

对有自卑感的人，故意说错话，或使用方言，可解除对方的紧张感。

在电视中，我们经常可以看到警察审问嫌疑人时采用好警察、坏警察的方法。在现实生活中，这种方法也是执法人员审讯的一个重要手段。FBI探员迪尔伯曼认为："坏警察的作用在于威慑嫌疑人，击垮他们的心理防线；而好警察的作用正好相反，目的在于拉近与嫌疑人的心理距离，让对方产生亲近感，从而操纵嫌疑人。"

1996年，迪尔伯曼探员接手一起贩毒案，19岁的非裔小伙布罗伊尔在纽约街头交易毒品时当场被捕。为了揪出布罗伊尔背后的贩毒集团，FBI的一个小组连夜对他进行了审问，审问方法当然还是惯用的好警察、坏警察。在这次审问中，迪尔伯曼的搭档威利扮演坏警察，而他自己则扮演好警察。

威利黑着脸，紧紧地盯着布罗伊尔，问道："你知道贩毒的罪名有多严重吗？""你吓唬不了我，"布罗伊尔满不在乎地说，"我以前也被抓住过，但最后都被放走了。""你被抓过？""是的。""你进过牢房吗？""……""没有？这次你可能要尝尝新鲜了。我们手里的证据，足以让你在里面住上几年。如果有需要，我可以让里面的兄弟好好地'照顾'你。"

迪尔伯曼发现布罗伊尔明显紧张了起来，他知道该自己登场了。迪尔伯曼说道："你不用害怕，我们可以帮助你，但前提是你要跟我们合作，你愿意和我们合作吗？"布罗伊尔犹豫着。威利说道："你知道黑人被关进白人牢房的下场吗？不知道？我也不知道。我们可以试验一下。"此时布罗伊尔的眼神中已经充满了恐慌。

迪尔伯曼知道现在是见好就收的时候了，于是他说道："我们给你点时间好好想想，只有和我们合作才有出路。"说完，他和威利一起离开了审讯室。20分钟后，他一个人再次进入审讯室，因为他知道，现在是好警察发挥的舞台了。他将一杯水递给布罗伊尔，说道："渴了吗？喝点水。"布罗伊尔喝了一口。看到布罗伊尔这么听话，迪尔伯曼知道，他对嫌疑人的操纵已经成功了。于是，他再次问道："你考虑好了吗？要不要跟我们合作？"布罗伊尔没有回答，但很显然，他的心理防线已经被彻底瓦解了，他只是在担心与警方合作后贩毒集团的报复。迪尔伯曼又说道："其实你什么都不用做，只要告诉我们一个名字就够了，你的上线是谁？""赫德利，住在纽约皇后区……"之后要做的，就是顺藤摸瓜，将这个贩毒集团一网打尽了。

拉近彼此的距离，消除对方的防范心理，是实现操纵的重要环节。有一位财经专家应邀演讲，却频频在台上打喷嚏，故意制造一点小意外，让原本严肃紧张的会场气氛缓和下来。人们通常对有头衔的专家学者都存有强烈的敬畏心，但当看到他举止失当时，心里就会想："他也是一个普通人嘛。"心里便油然产生了亲切感，于是拉近了彼此的距离。

每当新学期开始时，学生们都会略显紧张地观察新的任课老师。一位老师故意在课堂上说："我的字写得不好看，小学时经常罚站呢。"以此来博得学生一笑。学生心里就会暗想："老师小时候的成绩也不是很好，可见老师也是普通人啊。"心情也就随之轻松下来。

面对自卑感或警戒心强的人，初次见面时的会谈是很难进行的，尤其是社会地位有明显差距，对方处于下风的心理状态下，更会感到畏惧，此时对方心中便会筑起一道墙，显得格格不入。要打破这种僵局，首先要让对方觉得："我们是处于同等地位的。"在谈话时，人与人的心理距离越远，就越无法说服对方，甚至完全没有沟通。这时，较强势的一方可以用幽默的话题打开僵局，使对方产生安全感，从而使双方的心理距离拉近。

隐私帮你获得好感

要使人感到亲切，最好的方法就是稍微透露一点自己的隐私。

在1977年的菲尔斯一案中，FBI探员马克思·洛克用称呼这个敲门砖打开了局面，但是，如何进一步与凯森交谈仍是一个棘手的问题。为此，马克思选用了透露隐私的方法。他用自己虚构的、与凯森同名的侄子作为话题，最终获得了凯森的好感，从而得到了很有价值的信息。这正是透露隐私的好处，适当地透露一点自己的隐私，将有助于获得对方的信任与好感。

很多FBI探员在犯罪调查中都有过与马克思同样的经历，琼斯就是其中之一。1998年，杰克·布鲁姆由于猥亵儿童被起诉，为了向法庭提供更充足的证据，琼斯被派往杰克所在社区进行家访，而单身母亲玛姬和她9岁的女儿金则成为她家访的重点。但玛姬显然不愿意配合，通过她的言谈举止，受过专业训练的琼斯可以很容易发现对方有所保留。但是，如何才能打破僵局呢？琼斯环视了一下客厅，发现柜子上摆放的玛姬母女的照片，直觉告诉她这可能就是突破口。于是她端详了一会儿照片，问道："这是在哪里拍摄的？""特拉华湾。那个夏天很热，所以我带她去海边游泳。""她穿上这件泳衣很漂亮。我也有一件漂亮的泳衣，但已经很久没穿过了。""为什么？""因为这个。"琼斯卷起衣袖，左臂上的一片伤疤格外显眼。看到玛姬惊讶的表情，琼斯知道自己的目的达到了。她接着说："那时候我刚刚进入警局，便参加了一次搜捕活动。在一所公寓里，我控制住了嫌疑人，却没有按规定让他双手抱头、面向墙壁。就在我转头查看房间情况的时候，嫌疑人突然将一个点燃的酒精炉砸向我，我下意识地用手臂挡了一下，结果就成了现在这样。"琼斯将卷起的袖子放下来，问玛姬道："你知道我为什么告诉你这些吗？"玛姬摇摇头。"因为我想让你知道，很多时候，危险就潜伏在你的周围，如果你不在意它，早晚会受到伤害。我们都知道杰克是个恋童癖，但起诉他的证据并不充足，如果你不帮助我们，他将被无罪释放，到时候受到伤害的很可能就是你的女儿金。"玛姬终于被说服了，同意出庭指证杰克对自己女儿进行过骚扰。

就像马克思没有叫凯森的侄子一样，琼斯也没有被嫌疑人掷过酒精炉，她的手臂是小时候被开水烫伤的。但是真假并不重要，重要的是他们透露出的隐私感染了对方，获取了对方的信任与好感，从而操纵了对方，达到了自己的目的。

以选举为例，所谓选举，就是候选人以各种方式、用尽各种方法来赢得选民的认同。候选人为了扩大知名度，往往会倾全力去讨好选民，这已经是民主制度的常态了。那么，哪一种候选人才能赢得选民的青睐呢？关于这一点，有位心理学家做过这样的实验。

这位心理学家在某个节目中，详细介绍了三位候选人后，要求观众投票给其中一人。这三位候选人中，第一位被详细说明作为政治家所应具备的能力和学历；第二人则介绍其从过去到现在的政治经历及成绩；而第三个人则围绕着他的私生活打转，说他家庭幸福、不抽烟、每天运动等等。

结果，第三位候选人得到了大多数观众的认同，他们并不在意候选人作为政治家的能力，而是因为他最让人感到亲切。

选民的投票行为标准，与其说是候选人的政见，不如说是候选人是否让人感到亲切。而在这个实验中也证明了，要使人感到亲切，最好的方法就是稍微透露一点自己的隐私。

以英国王室为例，在英国，王室和民众的关系非常亲密，据说受欢迎的程度连当红明星也比不上，而这或许也是因为公开了许多皇室私生活的原故。

相反的，如果想让自己具神秘感，那么有关私生活的一切就不要披露。多年前的女性演员，会借着掩盖私生活，而挑起影迷们的幻想。但是，在今天即使有人想要这么做，也逃不过狗仔队的追踪了。

有缺点才真实

承认一些小缺点，会让人有"诚实"的印象。

毫无疑问，FBI探员都是精英，在特工学院中，教官们经常说的一句话就是，"无论你以后走上什么工作岗位，只要说一声'我曾经在FBI工作过'，就会马上引起对方的敬意。"事实上，由于长时间生活在光环中，学员们经常会迷失自我。因此，如何帮助学员摆脱光环、正确定位自我，就成为了特工学院的重要课题。在课程学习中，教官们不仅传授给学员前辈探员的破案经验，同时也会将一些失败的案例讲给他们，目的就是希望他们能够正视自己，回归现实。其中，抓捕哈立德失败就是一个经常被提及的案例。

20世纪90年代，FBI得到可靠情报，得知阿富汗等国的恐怖组织，正在进行自杀式恐怖袭击训练。于是，FBI当局决定在"中东某个地方"秘密抓捕恐怖组织的几名头目，其中就包括哈立德·谢赫·默罕默德，此人后来被认为是美国9.11恐怖袭击的幕后主使。虽然得到了可靠情报，但FBI特工的狂妄自大，却使得这次抓捕计划漏洞百出，最终让哈立德成功逃脱，也为9.11恐怖袭击埋下了祸根。

这是一个能让每位学员反省自身的案例，通过这个案例，他们被从光环之中拉回到现实。特工学院的教官托尼·威尔森说道："这个案例最大的价值，就是让学员们了解自己并不是完美无缺的，他们就像普通人一样，有自己的缺点。FBI探员之所以优秀，不是因为没有缺点，而是因为他们可以克服这些缺点。这一案例好像具有某种魔法，可以让学员们瞬间变得脚踏实地，开始正视自己的缺点。"因为只有正视缺点，才能回归现实，这是缺点之所以存在的真正意义，缺点让人感到真实。

美国曾经有一家租车公司，发表了"二流宣言"的广告。这家公司是租车行业的后起之秀，而在当时，同行当中已有不少业绩很好的公司。

在平常，所有的广告都会说"自己是最好的"。但是这家公司却一反常态，他们在广告中说"我们只是二流的"，并且坦言自己的一些不足之处，然后说"所以，我们会尽量改进"。不久后，这家公司的规模就越来越大了。

他们成功的因素是什么呢？他们公布对自己公司不利的信息，并且坦诚相待，而让人有"诚实"的印象，这在欺诈行为横行的现代，彷佛注入一股清泉，引人注目。事情都有好坏两个方面，就客观事实而言，任何产品都不可能面面俱佳，所以如果提出缺点，反而会让人相信。例如，某百货公司大拍卖有瑕疵的货品或零码货，只要不严重损害商品的品质，反而会令人相信商品的真实性，并且争相采购。

同样的道理，在人际关系中，如果只是赞美恭维，会让人觉得没有真实感，因此你可以在介绍某人时说"他有……缺点"，反而会使被介绍的人物更有真实性。

所以，当你为某人写推荐信时，一定要把缺点一并记入，因为百分之百的优秀会让可靠性大打折扣。

谦虚是宝

如果能在公司当中赢得"这家伙虽然有实力，但是很谦虚"的评语，上司自然会更加重视你。

正视自己的缺点，能够使人从内部反省自己；而谦虚却可以让人获得外部的好评。FBI探员丽贝卡就深有体会。2003年，丽贝卡从特工学院中毕业，进入实验室部门，成为一名犯罪情报分析人员。虽然经验欠缺，但虚心好学却让她马上赢得同事的好感。高级情报分析员罗伊·科米兹回忆道："丽贝卡刚进入部门时表现得非常虚心。她知道虽然自己的学历很高，甚至比这里许多老员工都要高得多，但同时自己也非常欠缺经验，而经验恰恰是做好这份工作的重要因素。所以，只要一有时间，她就总是向我们这些老人问东问西。她会缠着我们给她讲述每一个破案经历，无论你已经告诉她多少故事，她总是会说'再讲一个'，她永远不会满足。"如今，丽贝卡已经是一位高级分析员，出色的分析能力让她从众多同辈人中脱颖而出。当别人向她讨教成功的秘诀时，她总会回答："是虚心！因为只有虚心，才能让你学到更多的东西，让你不断进步。"

对于上班族而言，如何在公司里努力表现、获得上司的重视，是件很重要的事情，但是也可能会因为表现方法不当而令人产生"自大"的印象。如果能在公司当中赢得"这家伙虽然有实力，但是很谦虚"的评语，上司自然会更加重视你。因此，如何恰如其份地展示自己的谦虚，如何将自己很自然地推销出去，就成为上班族非常重要的能力。

有人说，推销自己的方法，就是坦然接受不喜欢的任务。譬如人家要把你调到偏远的分公司，或是让你到不喜欢的上司手下工作时，很爽快地接受任务非常重要。相反的，要是把你调到总部或是中心城市——大家都喜欢的地方去时，可以试着拒绝。或许，一开始人事主管会觉得不可思议，但只要过一会儿，他就会反过来认为"你跟一般人不同"，于是当他再度说服你时，再回答"愿意"，这和一开始就说"愿意"，在程度上会有很大差距。

人是一种很奇怪的动物，别人越逼迫你，你就越会反抗，故意和他唱反调。就像在前面的例子当中，上司要求下属到其他分公司去，员工如果越是抗拒，他就越要把他调过去。如果善用这种方法，一定可以在团体中提高自己的位置。

每个人都会很自然地把自己往好的地方放置，因此，如果出人意料地拒绝好差事的话，便会得到意想不到的评价，这一方法的关键，就是要懂得委婉的拒绝。

"我不要做那样的事"，如果说这样的话，可能会使别人厌恶。"我的能力还没到那种程度"，像这样谦虚的拒绝是最好的。接受别人的请求或许很难，而拒绝别人的请求，还让人称赞则更是难上加难，有心的读者需要三思而行。

利用对方的需求

让一元的硬币看起来像十元一样。

约翰·康诺利曾是FBI的英雄，20世纪80年代，他几乎凭借一己之力，消灭了波士顿的意大利黑手党。但如今，71岁高龄的他却被关押在迈阿密戒备森严的监狱内，由于害怕报复，在以后的岁月里，他只能在狭小的单人囚室内终老一生。

20世纪80年代，由于黑帮盛行，让整个波士顿处于动荡之中。于是，FBI当局决定采用以毒攻毒的策略，笼络一部分黑帮，打击另一部分。身为爱尔兰后裔的康诺利，拉拢了爱尔兰籍的冬山帮首领"白头佬"詹姆斯·巴格和"步枪手"弗莱米作为自己的线人，从而一举消灭了意大利黑帮。但由于和冬山帮关系过于亲密，最终被巴格收买，成为了黑帮与FBI之间的双面线人。

1984年，随着意大利黑手党的覆灭，FBI当局将工作重点转移到爱尔兰黑帮，并且得到一位名叫约翰·麦金泰尔的线人的情报。麦金泰尔正是巴格的手下，当时他们正打算偷运军火给爱尔兰共和军。然而，康诺利却向巴格揭发了麦金泰尔，并将其折磨致死。

随后，FBI消灭了冬山帮，巴格出逃，成为FBI继拉登之后的第二大通缉犯，而弗莱米则被捕入狱。对于线人麦金泰尔的被杀，FBI怀疑是内部有人走漏消息，于是在提审弗莱米的时候将这一问题抛给了他。FBI探员告诉弗莱米，他已经犯下累累罪行，如果他能够与FBI合作，将有助于减轻他的罪行。FBI的探员深知被捕后嫌疑人的心理，这时他们最想要的就是自由或者减刑。果然，这一方法取得了很好的效果。弗莱米决定与FBI合作，告发了FBI昔日的扫黑英雄康诺利，说这些年为了从康诺利那里买到情报，他们先后支付了23.5万美元的报酬。在弗莱米的指证下，潜伏在FBI内部的双面线人康诺利最终被捕入狱。后来，由康诺利的事迹改变的电影《无间道风云》大获成功，获得第79届奥斯卡的三项大奖。

纵观康诺利一案，正是由于FBI当局抓住罪犯的心理，才成功击破其心理防线，实现了对他的操纵，抓出潜伏在FBI内部的蛀虫。所以，只要找到对方的需求，并加以利用，就能够很容易实现对对手的操纵。

我们对见到或听到的事物，都会直接记忆下来，但其中是有分别的，某些特定的事物更会给我们留下更深刻的印象，但这也是因人而异。例如，每当报纸登出汽车广告时，有些人会特别留意介绍汽车性能的文字，而有些人则会睁大眼睛欣赏车子的造型，并且研究这一款新车是否会成为目前的主流。

人们对不喜欢的事物，往往会采取不认同的态度，心理学上称这种心理为"感观上的防御"。相反的，人们会认同自己喜爱的事物，而推销及电视广告就是利用这种观感的特点和选择，以夸张的手法，让消费者记住自己推销的重点。

有位心理学家曾做过以下实验。

这个实验是让一群来自各阶层的小孩子观看各种面额相同的硬币，然后比较儿童眼中硬币大小与实际上大小的差别。结论是，每个儿童眼中所看到的钱币，往往与实际尺寸不同，尤其是贫困家庭的孩子，倾向比实际更大的尺寸，因为贫穷家庭的孩子对金钱的欲望较高。

所以，虽然是同一硬币，但在不同的人眼里，却有不同的价值。因此若要使对方留下深刻的印象，就应该针对对方的喜好下手，有时候，甚至可以使用一些伎俩，使一元的硬币看起来像十元一样。

加深印象

一般而言，记忆或是印象，能够深入脑海的，是最初和最后的部分，特别是最后一瞬间的印象。

FBI探员在审讯嫌疑人时，根据不同的目的，往往采用不同的技巧。为了加深嫌疑人对自己的印象，探员们使用最多的技巧就是"大人物入场"。

1998年，在审问连环杀手埃德时，FBI探员拉德尔使用的正是这一技巧。一般来讲，连环杀手的心理都是异于常人的，他们往往以自我为中心，对他人的权利和生命毫无尊重可言。埃德正是这样一个人，他可以面不改色地残杀毫无还手之力的妇幼，并侮辱尸体，进行分尸。因此，为了在气势上击垮埃德，拉德尔决定采用"大人物入场"的技巧。这一技巧是因为在各种场合中，大人物往往最后一个到场而得名。

审讯埃德时，先是由两个年轻探员提审，问一些不疼不痒的问题。对此，见惯了大场面的埃德当然不会放在眼里，表现得非常从容淡定。随后，年轻探员走出审讯室，该"大人物"拉德尔登场了。他拿着一包厚厚的档案袋，紧绷着脸走进审讯室，将档案袋重重地放在桌子上，然后双眼紧盯着埃德。埃德显然被拉德尔的气势威慑住了，他知道眼前这个人不好惹，尤其是在前两个年轻探员的反衬下，这个人显得更加经验老道。"大人物入场"的效果非常明显，埃德虽然极力声称自己杀人是由于严重的强迫症，迫不得已，但对于杀人这一事实显然已经供认不讳。

其实，"大人物入场"这一技巧是巧妙地利用了人的生理反应。在我们的记忆中，有所谓的"记忆顺序效果"。在整件事的过程中，最初、中间，一直到最后，对我们的印象影响差异很大。一般而言，记忆或是印象，能够深入脑海的，是最初和最后的部分，特别是最后一瞬间的印象，不但鲜明，而且会影响对于整体的印象。前面的例子中，拉德尔之所以让埃德印象深刻，正是由于自己最后入场，让埃德下意识地产生了"这是个大人物"的心理。

所以，在现实生活中，如果能够利用人类大脑中的记忆效果，就能很容易让人产生深刻的印象，将你的希望，无声无息地植入对方的大脑之中。曾经有位记者想要拜访某位董事长。在经过多次预约之后，董事长终于抽出时间，于是他依约前去采访。但是，由于时间太过仓促，采访无法顺利完成，而这位记者也不便再打扰董事长，道谢后便向董事长告辞，董事长亲自送他到电梯口，看到电梯门非常拥挤，便对电梯中的人说道："各位同仁！客人要回去了，请让让好吗？"就是这一句话，从此以后，这位记者便完完全全成为这位董事长的崇拜者了。

很多大企业在送客时，老板一定会站在门口，用诚恳的态度目送客人离开，直到客人的车子消失为止。如此一来，即使在谈话之中有些不愉快的事，客人也绝不可能带着坏印象回去。

与此相反，如果结束之前的气氛一直都很愉快，而在即将结束时，瞬间的不愉快很可能会把之前的好印象都给抹煞掉。比如，我曾在某餐厅与朋友吃饭，菜色非常丰富，服务也很周到，好友和我都觉得很满意，然而在最后结帐时，出纳人员却把我和邻桌的账单弄错了，要我多付费用，当我向他指出错误时，他仍坚持己见，直到经理出来核对以后，才纠正了出纳人员的错误，我以后再也没去那家餐厅吃饭。

坦白的好处

越是掩饰，越容易欲盖弥彰，若是坦白招供，反而不容易引起怀疑。

在埃德一案中，经验丰富的拉德尔探员不仅仅使用了"大人物入场"的技巧，在他的举手投足之间，言谈话语之中，无不体现了他的老练。当他抱着厚重的档案袋走进审讯室，并将档案袋重重地放在桌子上时，嫌疑人埃德会做何感想？当然是认为这个档案袋中都是关于自己的犯罪记录。此时，他慌张了，他不知道FBI当局到底对他的罪行了解多少。"他们肯定知道赫利娜和艾玛是被我杀死的，"埃德心想，"因为警方提到过，就是在她们身上找到了我的毛发和精液。但其他人呢？他们知道那个庞卡城郊区的金发女孩吗？他们从没有提起过，但很可能已经知道了，他们可能想在法庭上指控我，让我措手不及。"看着厚重的档案袋，埃德感觉自己越来越紧张了。

拉德尔受过专业训练，很容易从埃德的眼神中发现他的慌张，他说道："对于你的罪行，我们知道的并不多，现在你可以继续保持沉默，也可以选择与我们合作，你会选择哪个呢？"当拉德尔说道"对于你的罪行，我们知道的并不多"时，他并没有触碰手边厚重的档案袋，甚至没有看它一眼，他知道过于戏剧化的表演往往会适得其反。

埃德果然被他骗到了，他心想，"他说自己知道的不多，是真心话吗？看他的表情好像已经成竹在胸了，而且，还有那么厚的档案袋……"当拉德尔说出"我们知道的并不多"时，由于他的深沉老练，这句简单的话就变得不再那么简单。拉德尔看出了埃德的犹豫，他说道："虽然我们知道的不多，但还是有一些信息的，就让我们从1996年说起吧。"这是犯罪行为专家预测的埃德第一次杀人的最迟时间。事后证明，这个预测相当准确，那正是埃德第一次尝试杀人。你可以想像一下此时埃德的心里在想什么，是的，他在想FBI什么都知道了。于是，他说出了自己杀害的9名受害者，其中6人是FBI之前根本不知道的。最终，FBI当局以一级谋杀罪向埃德提出了指控，而其中的大部分证据都是埃德自己坦白的。

其实，拉德尔之所以能够成功，是因为他巧妙利用了埃德的心理波动。当拉德尔坦白自己知道的不多时，他手中的档案袋和脸上的表情却在暗示：我什么都知道了。在这一瞬间，埃德的听觉和视觉发生了冲突。这正是坦白的好处，当嫌疑人相信你的时候，他会放松警惕；当他不相信你的时候，会觉得你深不可测。因此，无论埃德是否相信拉德尔的话，他的心理都会发生变化，而拉德尔就可以利用这种微妙的心理变化击败埃德。

所以，当你面对生活中各种突如其来的困境时，请适当地考虑一下坦白吧。如果有一天下班回家，老婆发现你衬衫上的长发，你会怎样回答呢？"啊，这……那……"这样慌慌张张的答话，无疑是不打自招。但如果你这样回答，"没有办法，谁叫我有人缘，大家都喜欢我呢。"然后笑一笑，如果做丈夫的能这样坦白地说出来，反而会打消妻子的猜疑，她认为，"我的先生应该不会在外面拈花惹草吧"——这是从某个朋友那儿听来的真实故事，听他说似乎效果不错。

事实上这是有心理学依据的，因为人们不相信有人会亲口说出自己的坏话，所以一旦听到，便会产生，"怎么可能"的想法。因此，如果丈夫说"我到外面拈花惹草了"，太太便会想，"怎么可能……大概是在公交车里沾到的吧"，甚至连理由都替先生找好了。

越是掩饰，越容易欲盖弥彰，若是坦白招供，反而不容易引起怀疑。

重在参与

参与感可以让人产生微妙的心理变化，让人不再感觉自己是个局外人，而是整个团体中的一份子。

很多人都会有这样的疑问，为什么FBI能够成为一个传奇，这其中当然有美国电视、电影的推波助澜，但最主要的原因，还是因为FBI探员高得让人咋舌的破案效率。而高效率的关键之一就是丰富的资源。

丰富的资源来自于广泛的参与感。以指纹为例，FBI拥有当今世界上最大的指纹系统识别库，但他们并没有自满，而是不断地改进和扩大自己的指纹储存量。据FBI国际罪犯信息共享计划的负责人加利·惠勒介绍，在9.11恐怖袭击发生之前，FBI就已经在国际范围内交换罪犯信息长达80年；9.11之后，这一信息分享计划进一步扩大。他们将自己掌握的在逃犯人的指纹和其他生物识别特征发往全世界，并获得其他国家可能逃往美国的通缉犯的生物识别特征作为交换。这一信息共享计划的效果非常显著，以墨西哥为例，截止到2011年6月，FBI当局共向墨西哥警方提供了近百名毒贩的指纹，其中20%的毒贩在墨西哥被捕。而在墨西哥警方向FBI提供的罪犯中，有超过25%的人被捕入狱。

FBI当局知道，随着科技的进步，犯罪的国际化已经成为一个趋势，所以，想要让罪犯不仅在美国，而是在全世界无处藏身，就必须让更多的国家产生参与感。因此，国际罪犯信息共享计划就变得越来越重要。从2002年至今，美国已经与五十多个国家实现信息共享，并获得超过4.5万个可能逃往美国的罪犯信息。

参与感可以让人产生微妙的心理变化，让人不再感觉自己是个局外人，而是整个团体中的一份子。善于操纵对方的人，会非常留意这种微妙的心理变化，所以，请不要让"重在参与"仅仅停留在口号之中，而是将它付诸实践，这样，你将得到意想不到的收获。

有家公司的老板是一位相当专制的人，虽然公司上下都按照他的意志在运作，但如果问职员"老板是否是个专制的人"，大家都会说他是个非常民主的老板。他之所以会让职员产生这种想法，秘诀就在于频繁召开的会议中。

比如在制定某项计划前，首先召开会议。对这位老板而言，开会只是一种手段。计划早已被他决定了，但是会议仍要召开，目的就是为了排除反对意见。

这位老板的做法并不是把反对者从会议中赶出去，相反的，他让反对者参加会议，并让他们尽可能地说出反对意见及其理由。然而在开会之前，老板就已经先向心腹说出了自己的决定，取得了多数人的赞同，因而在会议中无论出现何种反对意见，到最后都是他的意见被采纳，并成为会议的结论。

这是一种相当高明的方法。持相反意见的人，在会议中通过反复陈述己见，便会产生某种错觉，觉得自己意见的一部分已经反应到决策中了，并从这个错觉中产生满足感，因此很容易就接受会议的决定。同时，参加会议的人，不论持何种意见，在责任上都必须服从表决后的决议事项。由于这种下意识的心理活动，便会自动自发地服从会议上的决定。

在工作效率的提升上，明显左右工作效率的重要原因，与其说是工作内容，不如说是工作内容的决定方式。一名职员，会因自己在毫无参与感的情况下，而对被决定的事项显得漠不关心。在这点上，越是有能力的人越容易发生，单向的命令传达只会招来反抗，说不定还会演变成内部斗争。因此，这位老板利用会议，实际上强制属下贯彻自己的意图，却不会使属下察觉，实在是高明的领导方式。

在这个例子中，与其说是老板骗了职员，还不如说他是位有能力、有经验的操纵者。

间接夸奖自己

你根本不必强调自己是好人，只要强调他人是坏人，对方便会在无意中将你区分开，认为你是好人。

2008年，FBI加利福尼亚州分局接手了一个房产诈骗案，受害者声称，一位名为杰夫·麦克格鲁的房产商，以赎回房产抵押权为借口，对其进行诈骗。FBI立刻展开调查，结果却让所有人大吃一惊，原来麦克格鲁以同样的借口，自2007年开始，从多个受害者那里诈骗到近100万美元，甚至对他判刑的联邦法官都声称这个人"冷酷无情"。最终，麦克格鲁由于诈骗罪，被法院判处25年监禁。

虽然麦克格鲁一案很快告破，但其中却又许多让人深思的东西。为什么这么多人会心甘情愿地将钱放进麦克格鲁的口袋里呢？在调查中FBI探员发现，这些受害者文化程度都很低，有些人甚至不懂英语，即使懂，也根本不明白他们所签合约的内容。他们都面临房产被联邦政府没收的困境，而麦克格鲁声称自己与联邦政府有债券约定支付合约，可以用半价赎回房产抵押，从而让房主获得永久居住权，而他只会向房主收取1500到2000美元的中介费。对于那些即将失去房产的房主而言，麦克格鲁无疑是他们最后的希望。

对于这个并不高明的借口，为什么这么多人都深信不疑呢？原因很简单，因为在受害者看来，麦克格鲁一直是在帮助他们，他与他们是在同一条战线之上。在对受害者的走访中，他们都表示，麦克格鲁与他们谈话时，总是流露出对政府的不满，他认为现行的房产税实在太不合理，为什么房主要为自己的房屋向政府纳税？他的话深得人心，尤其是对这些低收入的房主而言更是如此，于是受害者很自然地就和麦克格鲁打成一片，对他信任有加了。

这正是麦克格鲁的高明之处，想要取得别人的好感，并不一定要说自己多少好话，只要有意无意地指责一下对方的敌人，对方就会下意识地认为你的立场与他们是一致的，从而打消戒心。麦克格鲁正是利用这一点，操纵并欺骗了受害者。

相信许多人都有被自己所信赖或亲近的人欺骗的经历，"怎么会呢，那么熟的人了，应该不会骗我才对啊……"，甚至不相信自己真的被骗了。

事实上，能够让对方说出"怎么会呢"这类的话，才是欺骗之所以成功的关键。在这些方法中，最具代表性的例子就是——在想要欺骗的对象前，大肆攻击其他的骗子。

比如说你正在物色一辆二手车，并且看中了某一辆车子，事实上，这辆车发生过重大事故，却被卖车的人说成好像是新车一样。"最近有很多卖车的人把泡水车当成无事故的好车卖给客户，这些人实在太可恶了，我们一定要把这些不法商人给揪出来。"这位卖车的商人就是这样说的。

在听到这些话之后，大部分人都会在同情那些由于被骗而买了泡水车的人的同时，也会以自己没被那些坏人欺骗而沾沾自喜。到后来发现自己也受骗上当，这时才后悔地叹道："怎么可能？那个卖车的人竟然……"

当然，容易受骗的人一定是富有同情心的人，而且是善恶观念非常简单的人。正因为这些人对善恶的区别比较简单，因此才会下意识地认为揭发别人恶处的就是好人。

而骗子正好利用这种心理，"如果他是坏人，绝不会去揭露坏人所用的招式，所以这个人一定是好人"，进而达到行骗的目的。所以，你根本不必强调自己是好人，只要强调他人是坏人，对方便会在无意中将你区分开，认为你是好人。但是我们也不用看到什么人都把他当成坏人，只要能保持一颗谨慎的心就够了。

让自己充满抱负

总是谈论大抱负的人，会给周围人一种勇于面对人生挑战的印象，让人觉得精力充沛。

金融诈骗往往都有一个共同点，就是诈骗犯都是西装革履，有的甚至开着豪华轿车。因为他们知道，想要骗取对方的钱财，首先就要让他们有安全感，而金钱正是安全感的温床。

2002年5月，FBI当局接到线报，得知曼哈顿世界金融中心的麦迪逊·迪恩公司有人诈骗小投资者钱财，于是，一场为时18个月的"木镍币行动"开始了。一名探员伪装成一家金融公司的对冲基金经理，试图打入犯罪集团并获得犯罪证据。经过18个月的撒网，以及长达半年的卧底，FBI当局掌握了大量对方的犯罪证据。2003年11月18日，一场大规模的搜捕行动开始了。当天下午，一大群FBI探员涌进麦迪逊·迪恩公司，将数十位西装革履的外汇经纪人押上警车。在19日的庭审中，美国联邦检查机关指控这47位嫌疑人涉嫌实施共谋、电汇欺诈、洗钱和证券欺诈等罪行。检察官科米称，这起范围广泛的犯罪行动几乎涉及外汇交易的各个层面，使投资散户和华尔街大公司蒙受数百万美元的损失。

这起诈骗案与之前很多诈骗案一样，实施者都是西装革履的"业界精英"，他们与客户大谈自己的辉煌经历，以及让人羡慕的工作业绩，并向客户保证，他们会提供稳定大量的分红作为回报。客户们往往被他们的高谈阔论所征服，心甘情愿地拿出自己的财产，交给诈骗犯。其中很多人甚至没有查看他们的业绩记录，就相信他们了。

在现实生活中，我们应该如何博取别人的好感呢？充满抱负就是一种非常合适的手段。我有一个朋友，刚进公司就不停地说："我将来要当经理。"虽然到目前为止他还没有成为经理，但公司的同事给他的评语都是："他很有上进心。"公司方面也很认同他的抱负，因此对他特别重视。

我这个朋友是不是真的想要当经理，我无从得知，但这种谈论理想抱负的人，会给周围人一种勇于面对人生挑战的印象，让人觉得精力充沛。当然，这个梦想并非越大越好。如果被人认为是好高骛远、不能脚踏实地的话，就会变为吹牛皮。而且，如果光说不练，大概谁也不会相信的吧？行为和言语也应步调一致。

要使自己看起来很有抱负，最有效的方法就是让人认为你拥有很大的潜力。比如，"我将来要开一家属于自己的公司，而且一定要实现。"如果这种话经常挂在嘴边，即使当初不太相信的人，也因常常听到，而认真对待了。

这个方法的关键在于，绝对不要提过去和现在，而要谈未来。常提过去的人，只会让人觉得是在吹嘘。谈到现在也是一样，真话假话立即可辨，如果与事实有差距的话，只会给人留下华而不实、夸夸其谈的印象。而如果是谈论未来，即使稍稍有些信口开河，别人也无法提出异议，还有引来许多人的欣赏，认为你是一个有前途的青年。

拥有共同的经验

人与人之间，如果拥有共同的经验或秘密，就可以加强彼此的关系，强化彼此亲密的程度。

人是群居动物，我们天生就喜欢和同类人相处，正如亚里士多德所说："我们喜欢那些与我们相似的人，因为大家有着相同的追求，都渴望同样的事物。"因此，如果能够获得与对方相同的经验，将会给对方留下深刻的印象。

FBI探员深谙此道。在审讯嫌疑人或者走访受害者时，他们都会用这种方法打开僵局，从而得到自己想要的信息。FBI探员乔·纳瓦罗就曾说道："要仔细观察对方，衣着服饰、纹身、办公室陈列的工艺品、家中的小饰品，甚至是汽车的保险杠等，都可以找到共同的话题。谈论彼此最喜欢的橄榄球队，了解对方是否有服兵役的背景，或参加其他组织的经历，这些话题也有助于找到双方的共同点。"

这一方法也经常被FBI的谈判专家们使用，杰克·蒂姆斯就是其中之一。2007年，他负责与一名持枪劫持小学校车的劫匪进行谈判，通过履历，他得知对方名叫菲克·格里芬，曾在阿富汗战场服役，因此很自然就将话题引到服兵役上来。

"你知道吗，我们有许多同胞在国外打仗，就是为了让我们的孩子能在一个安全的环境中成长。""你没有资格和我说这些，我在阿富汗当过兵，我的经历你根本想不到。""我当然想得到，我也当过兵。你经历过什么？"不用再做什么引导，格里芬就主动说了自己的经历。他怀着满腔热血到阿富汗前线服兵役，在一次战斗中被炸弹碎片击中膝盖，造成永久性伤害，退役后回到家乡，却发现自己连温饱都不能解决，巨大的心理落差让他有些难以接受。

作为谈判专家，蒂姆斯当然知道这些老兵想要什么。据调查，美国退伍军人总人数占全国人口的9%，而在无家可归者中，退伍军人的比例高达23%。在美国各地，每晚露宿街头的退伍军人约有30万，每年经历过流离失所的退伍军人高达50万。这些人中40%患有精神障碍疾病，并且酗酒或吸毒。在了解了格里芬的经历后，蒂姆斯开始耐心劝说，最终格里芬同意释放人质，向警方投降。

在日常的人际交往中，共同的经验往往具有神奇的效果，能够快速拉近人与人之间的距离，让彼此产生好感。我有一位朋友，她与丈夫的感情发展很有戏剧性。结婚之前，他们已经相处了一段时间，但是，对方一直无法得到她的芳心。直到有一次，两人在驾车回家的路上发生了意外车祸，幸好他们都只是轻伤。之后，两人互相关心，感情渐渐升温，朋友也渐渐接受了他，终于喜结良缘。"车祸"这种不愉快的共同体验，可以说是促使二人感情急速增加的催化剂。

这是一个比较温馨的例子，有些人故意引诱对方犯点小错，做些违规的事，把对方玩弄于股掌之间，道理却是相同。比如在办公室中，把女同事的小错故意掩盖起来；考试时，悄悄给同学传递小抄。由于已把对方诱入同一行为之中，因此两个人之间就有着不可告人的共同体验。

正如"坐在同一条船上"这句话所说的一样，共同的体验越是特别，越能让当事人拥有共同意识，譬如"战友"，对生长在战争年代的人而言，有着他人所不能体会的特别意义。这种在战场上与敌人以命相搏、互相扶持、互相照顾的经历，是这一辈子永远无法忘怀的。

像这样，只要拥有共有的体验，人便会产生"可以放心相信你"的想法，只要善于利用这种心理变化，就能很容易与陌生人成为朋友。

第四章
操纵先要读心

读懂对方的心理，找到对方的心理
弱点，攻破对方的心理防线，FBI将读心
术演绎到了极致。

贵的就是好的

想现实生活中，虽然每个人都希望能够花小钱办大事，但在所有人心中，都有一个"贵的就是好的"的潜意识。

1992年8月，FBI探员接到线人举报，说林恩市有人准备贩卖一幅伦勃朗的画作，这幅画作正是1990年波士顿伊莎贝拉·斯图尔特·加德纳博物馆失窃的众多画作之一，当时，两名抢匪共盗走了三幅伦勃朗的作品，一幅范梅尔的作品，一幅马奈的作品，以及五幅德加的作品，价值共计4亿美元。欣喜若狂的FBI探员马上展开行动，并在一家汽车旅馆中将卖画者威尔·斯皮尔抓获。但让所有人大吃一惊的是，斯皮尔卖的这幅伦勃朗的作品，与其他三幅作品一样，都是赝品。在审问时，斯皮尔交代，如果FBI探员再晚来两个小时，这幅画作就会被以6600万美元的价格买给一位当地的银行家，但行动迅速的FBI探员却让斯皮尔空欢喜一场。

虽然找到的是幅赝品，让FBI探员们非常失望，但他们却很高兴能够帮助这位不知名的银行家省下6600万美元。在提审斯皮尔时，一位FBI探员问道："你知道这是一幅赝品吗？""知道。""那你为什么还要卖这么贵的价钱？即使是伦勃朗的真作，也不会这么贵的。""我知道，但是如果我说得太便宜了，就不会有人相信了。"

这句话引起了FBI探员的注意，是的，在艺术品诈骗案中，抬高价格是常用的手段之一，因为肯花6000万买一幅画作的买主，绝对不会在乎再多花600万美元。而且，抬高价格可以让买主更加坚信画作是真迹。因为在人们心中，都有一个惯性思维，就是价值越高的商品，价格也就越高。

在现实生活中，虽然每个人都希望能够花小钱办大事，但在所有人心中，都有一个"贵的就是好的"的潜意识，所以我们在买了便宜的劣等产品后，才总会唠叨一句，"早就知道便宜没好货。"

一位盆景园艺店的老板曾告诉我："价钱订得越高，东西反而销售得越好！"虽然我不知道他心里贵与便宜的标准是什么，但我对他所说的话倒是挺感兴趣的。

这位老板曾经因为店里便宜的盆栽卖不出去，十分伤脑筋，他后来灵机一动，在盆栽的价格后面多加一个零，结果销售得却出人意料得好。这多少有些可笑，但是这种情形却屡见不鲜，例如，手上戴着便宜钻石的暴发户，把假画挂在客厅的大老板，这样的人还着实不少呢！

似乎好的东西价钱就越贵，所以提高商品价钱，销售得反而更好。事实上，并非"贵东西就是好东西"，尤其现代人非常注重品牌，认为名牌的产品就是好货，而对这些品牌毫不怀疑，所以赝品才层出不穷，难以禁绝。

以前在电视上曾做过一个有趣的实验。桌子上摆放着几条廉价的围巾，其中有一条贴上了瑞士的商标，然后问消费者哪条质地看起来比较好？结果他们的回答都是："瑞士制的比较好，你看那质料、图案、触感都不错。"相反的，如果把真正瑞士货的商标拿掉，价格定得很便宜，所有人就会倾向于挑出这条手帕的缺点。只认商标品牌、价格的高低，连基本的判断都没有，这算是现代人的悲哀吧！

光环效应

利用"光环效应"，让别人认为你是个大人物。

在美国，伯纳德·麦道夫绝对是一个名人，这不仅仅因为他曾是纳斯达克股票市场公司的主席，更因为他那震惊世界的"庞氏骗局"，据统计，他通过金融诈骗，共获利650多亿美元，从而成为美国历史上最大的诈骗犯。2008年12月，麦道夫的骗局被曝光；2009年3月向法庭认罪；6月被判处160年监禁。但FBI当局并没有就此打住，而是继续他们的调查。11月13日，两名麦道夫的助手杰罗姆·奥哈拉和乔治·佩雷斯分别在家中被捕，他们被起诉的罪名是协助麦道夫开发电脑程序，伪造账户及交易记录，他们伪造的记录至少逃脱了美国证券交易委员会5次审查。

奥哈拉在审讯过程中非常配合，但对于那些受害者却没有表现出一点同情。每当探员提起受害者时，他都是满脸鄙视。他说道："我为什么要同情这些人，他们都是贪婪鬼，如果不是麦道夫的光环，如果不是麦道夫保证的内部消息，他们会心甘情愿掏腰包吗？他们得到了贪婪者应得的下场。"

是的，很多诈骗都源于受害者自己的贪婪。但受害者为什么这么轻易就相信了诈骗犯呢？答案就是因为他们的光环。麦道夫就是其中的佼佼者，还有艾伦·斯坦福等人，都是如此。正是名人的光环让他们的话更为可信，让那些受害者自动送上门来。

在现实生活中，"光环效应"也成为操纵对手的重要工具之一。在美国的华尔街有各式各样的投机客，有位经纪人在自己事务所的墙上挂上石油大王洛克斐勒的相片，结果就成了许多大富翁的经纪人。他从没说过"我认识石油大王"，可是大家都以为他们有密切关系，并且会知道很多商场信息，于是便成为他的顾客。

任何人都会尊敬权威者，以结交一流人物为荣，所以如果身上穿着一流的服饰，也会被认为是一流的人物，而这在心理学上便称为"光环效应"。很多欺诈者便是利用这光环效应来欺骗他人。

我的朋友是一个艺术机构的主办人，平时略带神秘色彩。每当他招待客人时，都会先到一流店里结交服务生，然后才把客人带去。进到店里时，对服务生打声招呼并将顾客一一介绍给服务生，使得客人以为他是这里的常客，用这种方法来欺骗对方。

这只是单纯的"光环效应"，有些骗子会利用更复杂的手法。从乡下来的顾客，骗子会亲自开豪华轿车去迎接，在办公室铺上高贵的地毯，沙发也是进口的高级品，利用光环效应使顾客陶醉，自然就会把自己辛辛苦苦挣来的钱全部交给对方。

抽象受害者

面对抽象的对象，人会失去罪恶感。

经过长达10年的卧底调查，2009年7月23日清晨，FBI与美国国税局展开300多人的联合行动，在新泽西州逮捕44人，其中包括3名市长，2名州议员，以及数名犹太教士，他们中的29人涉嫌贪污，15人涉嫌国际洗黑钱。在被逮捕的人士中，最引人注目的就是三名市长，霍博肯市市长马拉诺三世被指控受贿2.5万美元，锡考克市市长埃尔维尔和里奇菲尔德市市长苏亚雷斯分别被指控受贿1万美元。

在行动展开之前，本次行动的总负责人，FBI唯一一位华裔分局局长敦畏三就说："腐败已经渗透到了新泽西的每一个毛孔里。"诚然，马拉诺三世的被捕还是令人扼腕叹息，32岁的马拉诺三世1月才就任市长一职，但在不到半年的时间里，他就由一位受人敬仰的市长沦为了千夫所指的阶下囚。到底是什么让他产生了如此巨大的转变？

在随后对马拉诺三世进行提审时，他说道："我知道受贿是错的，起初我对这一行为也是非常排斥，但我后来想到，这些都不是干净钱，与其留给这些公司或机构，还不如放到我自己的口袋里。"是啊，这些钱不是他鱼肉百姓得来的，而是一些公司或机构挣来的黑钱。但这就能成为他贪污受贿的借口吗？当然不行。但为什么他却受之无愧呢？其实，这就是所谓的"抽象受害者"的心理在起作用。由于他面对的都是腐败的公司和机构，而不是广大受害者，因此他的罪恶感被极大地削弱了。也就是说，当受害者的形象越来越抽象时，犯罪者的罪恶感也随之越来越小。

一个人在一生中不可能完全没有犯罪行为，例如，在火车或公车上逃票就是不折不扣的犯罪行为。你可以问问家境贫寒的学生，没有逃过票的人少之又少，不过，他们却不会偷东西。

为什么大家会对逃票没有罪恶感呢？关键一点是"被害者是谁"的问题——没有具体对象，说是铁路局，但范围过大，更何况组织给人的感觉只是抽象的。

面对抽象的对象，人会失去罪恶感，就拿保险的例子来说，不少人之所以会坦然接受，就是因为保费是由保险公司支付，正符合了这一心理学的说法。

这一点暴露了人性丑恶的一面。在心理学家米格那个有名的实验中，两位实验者分处在一墙之隔的两个小房间，然后互问对方问题，如果对方答错则给予电击。在这个时候，对方每错一次就把电压增高，有时甚至已经超过规定的电压。

如果两个人是在同一房间里，情况则会完全不同，没人会忍心看到他人受苦的样子，即使不认识对方，也不能坦然按下电钮。

由此实验可知，稍微换一下角度，就会使人良心麻痹。像一些盗领公款的人，会认为所作所为并会不影响他人，但事实上影响的范围之大，是他所料想不到的。

先入为主

> 人都有一种"事先为自己的举动寻找合理借口"的心理倾向，只要有能被自己接纳的理由，无论是多么不合理的行动也会去做。

2001年9月11日，对整个美国来说，都是一个悲惨的日子。在这一天，美国人遭受了有史以来本土最严重的恐怖袭击，巨大的伤亡数字和经济损失，给每一个美国人的内心都留下了深深的伤口。

恐怖袭击发生后不久，华盛顿的一家调查公司"全球选择"便向FBI当局透露了一则惊人的消息：大约一年前，有许多奇怪的域名被注册，都暗示了美国遭遇恐怖袭击的可能。据这家公司的负责人表示，这些域名都是在2000年6月左右被人注册的，它们的名称都很奇怪，如袭击世贸中心（worldtradetowerstrike.com）、袭击双子大楼（attackontwintowers.com）、袭击美国（attackamerica.com）、曼哈顿的珍珠港事件（pearlharborinmanhattan.com）等，有的域名甚至暗示了恐怖袭击发生的时间，如8.11恐怖袭击（august11horror.com）、8.11恐怖事件（august11terror.com）、2001年恐怖袭击（terrorattack2001.com）、9.29世贸中心（worldtradecenter929.com）等等。这一消息马上引起FBI当局的警觉，难道真有人在暗示恐怖袭击？他们决定立刻展开调查。

但调查的结果却并不如人们想象的那样神奇，事实显示，这只是一系列的巧合。首先，这些域名并不是由一个人注册完成的，而是多个人，在不同时间、不同地点注册的。其次，这些域名的信息也并不完全准确，如8.11和9.29两个日期，都与9.11有出入。FBI当局表示，人们之所以对这些域名十分着迷，是因为他们抱着先入为主的心态，他们希望真的有人能预测到这次恐怖袭击，从而避免类似的惨剧再次发生，即使在理论上避免也行。

在现实生活中，我们往往被自己的愿望所欺骗，如有人看到彩虹，随后便捡到5美元，于是，他会很自然地将两个毫不相干的事件联系到一起，这就是人类先入为主的心理。我们希望看到的，往往是我们愿意看到的事情。

有一句老话叫"便宜没好货"，许多人都会从个人经历中体会到，便宜的商品中一定有某些缺陷，人们如果只为贪图便宜而去抢购的话，结果可能会蒙受损失。但是，如果商品是因缺陷以外的原因而卖得很便宜的话，人们便很容易争相抢购。

于是就有人以"营业时间即将结束"的理由进行销售，这样就不会让人把便宜与劣质品联想在一起，反而会觉得"原本是品质优良的商品，因营业即将结束的缘故，所以不得不贱卖。"当然，停业营业和品质优良与否完全没有关系，但至少，与其说他们只是为了便宜，倒不如说是因为"停止营业"这个理由而引发他们购买的冲动。

形成这种心理的原因，是因为人都有一种"事先为自己的举动找寻合理借口"的心理倾向，只要有能被自己接纳的理由，无论是多么不合理的行动也会去做。只要想想当我们走在路上时，一旦被警察叫住，为什么会立刻停下来，就立刻明白了。如果是不认识的人叫我们，或许有人可以无视其存在；而一旦被警察叫住，我们却找出了"警察盘问行人是他们的职责之一"的理由。因此，所谓"因动迁，本店商一律甩卖"之说，八成根本不是什么不得已的甩卖，而只是普通的劣等商品而已，但对已经找到购买理由的人们而言，两者已经没有什么分别了。

曾经有这样的实验，某家饼干厂把同样的饼干分开两盘请人拭吃。其中一盘，标注了"上等精选面粉精心调配制成"的说明，另一种则不加以任何说明。结果，受测拭的绝大多数都会说"附说明的饼干比较好吃"。像这样，事先被标上好吃的理由，就连感觉也会变得混淆了。

人类的盲从心理

盲从有着巨大的危害，但同时，也有着巨大的操纵功能。

2005年10月25日，美国第一夫人劳拉·布什在接受美国城市广播网记者采访时说，"我们都知道，那些不酗酒、不吸毒的人能够更容易找到工作。我们不希望年轻人加入犯罪团伙，如果他们的身上没有黑帮纹身，那么他们被聘用的机会将会增加许多。"劳拉之所以说这些话，是由于美国日趋严重的青少年犯罪情况。对于这一情况，FBI当局也展开了针对性很强的研究。

在对多起青少年犯罪进行分析后，FBI当局得出结论，青少年犯罪的一个重要原因就是盲从。由于青少年的心智还不成熟，分辨是非的能力非常差，因此他们很容易受到他人和周围环境的影响，在各种挑唆、暗示和怂恿下，做出犯罪行为。

就在劳拉·布什发表这篇演说的早些时候，明尼苏达州雷德莱克市一位16岁的青年杰夫·维泽制造了一起震惊整个美国的惨案。他在打死自己的祖父及其同伴后，直奔雷德莱克中学，追逐并打死一名保安、一名教师和五名学生后自尽。

虽然当时负责调查的FBI探员迈克尔·塔普曼拒绝推测维泽的作案动机，但在随后的调查中表明，这位年轻的印第安男孩深受纳粹思想的影响。FBI的心理学家赖斯说道："这是典型的青少年盲从犯罪案件，他们的是非观念十分淡薄，很容易被误导至歧途上来。从维泽在网络中的留言来看，他十分崇拜希特勒，正是这种盲目的英雄崇拜为这次惨案埋下了伏笔。因此，要减少青少年犯罪，首先就是要加强他们的是非观念，家长、学校和社会正确的价值取向才是遏制青少年犯罪增加的关键。"

　　上面的案例向我们展示了盲从的巨大危害，但同时，它也向我们透露了盲从巨大的操纵功能。有一则笑话这样讲道：有一个人在街上走，突然看到前面有一排队伍，心想"一定有什么好事"就跟着排队。不久，后面又排了一个，于是队伍越排越长。大约过了一小时，最后面的人问前面一个人，"排这么长的队是干嘛的？"他也不知道，于是再问前面的人，仍是不得而知，因此一直向前问去，终于问到了第一个人，问他"到底怎么回事？"于是他抬起头来答道："没事，我在看蚂蚁排队。"

　　虽然这是一则笑话，但看到队伍就以为有什么好事而毫无理由地跟着排队，这是人之常情。就好像许多车在路口等红灯一样，如果有一辆车闯了红灯，那么，必定会有许多车子跟他一起闯，这也正是人类心理的盲从习惯使然。

　　人们会盲目地跟从和加入众人的行动中，这种由好奇心而产生的举动，在心理学上称作"同步盲从"。许多的餐厅老板，就非常善于利用这种心理。

　　他们使用的方法就是，在店里尚未客满的时候，就安排客人坐在靠近窗户的位置，等到靠近窗户的座位都坐满了后，再依序往里面坐，此时，外面路过的人就可以清楚看到店里面好像有很多客人，而产生"这家店的饭菜应该不错"的错觉，从而放心地走进这家店里。其实，像这种经验你我都应该有过，当你想要找一家店时，如果看到里面稀稀落落，没有什么客人的话，那么，你踏进这家店的欲望会立刻减弱了许多。这就是人类盲从的心理使然，众人皆同。

懂得克制自己

当纠纷发生时，要先平心静气地听完对方的话。

FBI探员在面对劫持人质事件时，首先要做的事情是什么？答案绝不是解救人质，那是谈判的目的，是希望谈判达成的结果，但绝不是谈判的前提。正确的答案是，要对劫匪表示出理解和同情。

FBI犯罪行为部门的创始人罗伯特·K·雷斯勒曾说过："在与罪犯进行访谈的时候，必须把个人对罪行的厌恶感隐藏起来。"因为只有这样，才能赢得罪犯的尊重，从而得到有用的信息。若是一味对抗，只能让你和罪犯的心理距离越来越远，到最后就会什么都得不到。所以，面对劫持人质的劫匪，谈判专家们首先要做的，就是表示出对劫匪的同情。

1993年2月28日上午9:30，美国烟酒火器管制局向德克萨斯州韦科市的卡梅尔庄园发动突袭，希望逮捕大卫教派的教主大卫·考雷什，但早有准备的考雷什率领信徒与警方展开枪战。在这次交战中，4名探员身亡，17人受伤，局势最终发展成长时间的对峙。卡梅尔庄园是大卫教派的据点，最初警方估计庄园内大约有信徒75人，包括25名儿童，但实际上信徒的人数多达132人，其中46名是儿童。

FBI人质谈判专家加里·诺埃斯内受命前往解救人质，虽然他此时已经在FBI工作了13年，见过各种大场面，但这次任务的困难程度却仍然出乎他的想像。作为警务人员，诺埃斯内当然对劫匪这种危害他人生命的行为十分愤慨，但在与劫匪谈判的过程中，诺埃斯内极力克制自己的本性，多次向考雷什表示理解，并声称愿意帮助他解决各种困难，共度难关。最终在他的不懈努力下，劫匪在一个半月中，先后释放了37名人质，包括21名儿童。但他的努力却被FBI内部某些急功近利的人彻底毁掉了。

为了表示对犯罪分子的严惩，FBI当局决定发动进攻，4月19日，坦克攻破了卡梅尔庄园的围墙，警方向庄园内投掷了大量催泪瓦斯。这一举动使得形势急转直下。中午12:10，卡梅尔庄园内部发生爆炸，大火瞬间吞没了整个庄园，毫无退路的考雷什决定孤注一掷，用自杀对抗FBI的武装进攻。据最终统计，包括考雷什在内的86人在大火中丧生，其中包括2名怀孕妇女和21名儿童。

诺埃斯内后来回忆道："那时我已经被撤职，当我在电视中看到警方投掷催泪瓦斯时，我知道一切都结束了，我的一切努力都付诸东流了。"事实确实如此，正是由于不懂得克制，一味强攻的FBI当局将考雷什逼上绝路，最终酿成了这一惨剧。

从心理学上讲，人类不会自觉地克制自己，因为这违反了我们的本性。但在各种文化中为什么又提倡克制呢？因为这一行为可以约束我们自己。同时，虽然很少有人注意到，这一行为确实能够帮助我们很好地操纵对方。

英国律师莫内曾写过一本杰出的传记小说《撒姆·耶森传》，书中有一点小错误，某妇女发现错误后，立即去找莫内先生理论："你怎么能犯下如此重大的错误？"莫内先生笑着说："真对不起，我觉得十分羞愧，你找到的错误，我真的一点也不知道！"莫内坦白地承认错误，从而使怒气冲冲的妇女满意而归。

如果在对方激动时想尽办法说服他，结果只会使对方更加生气。所以当纠纷发生时，要先平心静气地听完对方的话，再利用时间将自己的道理清楚地表达出来，如此一来，再强硬的人也能轻松地接受。

学会抓大放小

当无法满足对方全部的需求时，可以先满足一下他目前的需求，不久之后，便可以使他忘了原来的需求。

如今，面对劫持人质的劫匪，努力克制自己，已经成为人质谈判专家的共识，人们不希望看到类似卡梅尔庄园的惨案再次发生。但面对劫匪提出的各种各样的要求，应该如何应对，仍然是每个谈判专家都要面对的问题。全部满足当然是不可能呢，因为这样会使执法力量显得过于软弱，并在客观上对劫持人质的行为起到鼓励作用；全部否定当然也不可取，因为这样会切断劫匪的退路，从而危害到人质的安全。因此，面对劫匪提出的要求，谈判专家最常采用的策略就是抓大放小，即满足劫匪的最低要求，但否定对方的最高要求。

1982年，刚刚进入FBI两年的人质谈判专家加里·诺埃斯内接到任务，一名毒贩杀死了自己的妹妹，并劫持了妹妹的两个孩子作为人质。诺埃斯内受命与他进行谈判，希望对方释放人质，向警方投降。但谈判进行得并不顺利，因为这名劫匪似乎什么都不想要，双方就这样对峙了36个小时。诺埃斯内知道，每一名劫匪都希望逃出警方的围捕，他们渴望自由，但警方是不可能满足这一要求的。一般情况下，谈判专家会让劫匪释放出一部分人质，换取食物和水，但对于面前的这名毒贩，这一招似乎并不管用。他到底想要什么呢？这时，毒贩开口了："我知道你们并不在乎两个孩子的安全，你们只想杀死我，我知道你们有狙击手，你们一心想要我死。"是的，他想要安全。此时的诺埃斯内已经成竹在胸了，他对毒贩说道："我们希望两个孩子能够活着，也希望看到你活着，但这个愿望我们无法独自完成，还需要你与我们合作。"接下来，诺埃斯内开始耐心地与毒贩谈判，又过了36个小时，劫匪终于决定释放人质，向警方投降。

对于这名毒贩而言，他的最低要求当然就是活着，这就是他的底线，也是人质存在的意义所在，一旦底线被突破，人质也就没有用了。因此，对于这样的劫匪，只要警方不采用武力，他就绝不会先做出危害人质安全的行为。而当诺埃斯内向他保证，警方会确保他的安全后，毒贩动摇了，因为他知道自己的最低要求得到了满足，而人质危机也就随之化解了。

许多出租车司机都会有这种经验，就是客人把本不该忘记的行李或是非常重要的物品，漫不经心地忘在车上，这种情形大多发生在客人急着赶时间或寻找目的地的时候。由于人到达目的地时，一直紧张的心情一下子放松开来，便忘了随身带的东西。人一般有一种倾向，就是在紧张心情缓和时，或者是眼前的需求被满足时，就忘了原来的目的。

德国某家摩托车制造商，以"本公司的摩托车非常坚固耐用"的宣传来推广新车，但由于当时汽车已经普及，因此新车很难销售出去。

后来美国的心理学家帝恩塔接受这家厂商的委托，进行营销策略的调整，结果发现"坚固耐用"这段广告词，正是形成机车滞销的主要原因。许多人认为，既然"坚固耐用"，那不就等于"永远都得骑摩托车"了吗？于是，消费者想要坐汽车的愿望和这段广告词起了冲突。

所以，帝恩塔便建议该厂商将汽车与摩托车相结合，在摩托车中加入某些汽车的功能。结果，摩托车的销售竟然大获成功。在这个例子中，摩托车制造商并非满足了消费者原本想要购买汽车的欲望，而是提供了"类似性功能"来满足他们，因此，成功地让消费者忘了原来的欲望。

如果你的孩子哭闹着要昂贵的玩具，同样能用这种方式先满足一下他目前的需求，给他买一个便宜点的玩具，不久之后，便可以使他忘了本来的要求，与其斩钉截铁地驳回他的要求，倒不如先虚应一番，会更加有效。

比较性思考

在思考方式上，如果能够多运用一下比较的方法，往往可以很容易达成自己的目的。

现场劫持人质是FBI人质谈判专家所要面对的一项重要课题，但另一种劫持确是他们更常遇到的，那就是绑架勒索赎金。这类案件的共同点是，谈判专家事先不会知道人质的下落，他们也不会与绑匪面对面地交谈，一般来说，他们的交谈都是通过电话。绑架的目的大多都是高额赎金，在要求得到满足后，他们就会释放人质。面对这样的要求，FBI探员会如何应对呢?

2001年7月，德克萨斯州拉雷多市，23岁的富家子弟马尔科·冈萨雷斯被绑架，13个小时后，绑匪给马尔科的父亲打来电话，索要200万美元的赎金，要求是百元美钞，且不能为连号，限时一个小时送到指定地点。FBI探员梅尔·伦德负责与绑匪谈判，警方需要争取更多的时间来进行人员部署，因此，他的任务是不能让绑匪太过顺利地得到赎金，要尽可能地拖住他们。于是，他在电话中对绑匪说道："200万美元一时很难凑齐，能不能先交付150万美元。"这一要求当然被绑匪拒绝。梅尔又说道："那就多宽限一个小时，因为冈萨雷斯家里根本没有这么多钱，他需要时间来筹集这笔巨款。"对于这一要求，绑匪同意了。

其实，梅尔一开始就没指望绑匪能够接受第一个要求，因为拉雷多市与墨西哥接壤，这里的绑匪几乎都是职业的，他们在每次绑架前，都会仔细调查目标的身价，并在绑架后提出合理的赎金要求。因此，他们知道200万赎金对方是绝对能够凑齐的。但梅尔的目的不是减少赎金，而是拖延时间。由于绑匪给出的时限非常清晰，一个小时将赎金送到指定地点，所以，如果直接让绑匪放宽时限，很可能会被绑匪直接拒绝。因此，梅尔就先给出了一个看似不太合理的要求，然后再给出另一个更为合理的要求。这样绑匪就会下意识地进行比较，结果就是，他拒绝了那个看似不合理的要求，而同意了那个似乎合理的要求。

由于多了一个小时，FBI探员可以从容地部署警力，最终成功控制了绑匪，解救了被绑的人质。

我们常说"货比三家"，这是在日常生活中运用比较的方法；而在思考方式上，如果能够多运用一下比较的方法，往往可以很容易达成自己的目的。曾经有一位电脑销售的行家说，卖电脑时，他绝对不会一开始就在价格上进行交涉。他会先在原有价格上再加上维修费，提出比对方预期更高的预算。对方当然不可能接受，于是便会开始讨价还价，看能不能便宜一点。接着，在经过几次价格谈判后，再提出"维修费打五折好了"或"给你50％的折扣好了"的妥协。由于开始时提出了高价，所以经过打折之后，顾客便会感到便宜了。但事实上，即使是在这样打折后，卖方仍有相当的赚头。

这种利用比较心理的技巧，经常在企业的人事安排上被用到。譬如，主管对于不同意调职的职员，事先会这样说："其实在人事会议上，原来的方案并没有你，是经过我的努力才让你有转调机会的……"即使是谎话，也会由于上司这样一说，便产生了比较效果，这时，上司若能更加强调自己有多努力的话，说不定还会引起属下的感谢呢。

认知的误差

当一个人被分配到某项任务时，他的思想和行为便会受到这项任务的影响。

在FBI调查案件时，他们会希望美国民众扮演什么样的角色？是旁观者还是参与者？答案显而易见，当然是参与者。因为FBI当局很清楚，如果与民众对着干，结果就是，他们一定会为此闹出不小的笑话。

2006年5月，一大批FBI探员来到密西根州米尔福德市的一个小镇，希望侦破吉米·霍法失踪31年之谜。当时，与黑手党关系密切的霍法是美国最大的独立工会"货车司机工会"的主席，但1967年却由于贪污工会养老金入狱服刑。后来，时任美国总统的尼克松与霍法达成协议，只要霍法保证不再参加任何选举，就可以让他提前获释，于是，霍法于1971年出狱。但是霍法并没有履行自己的诺言，出狱后不久，他就决定竞选工会主席，却在1975年突然失踪。关于他的失踪，外界有许多传闻。有的说他被人埋在奥多米兹巨人体育场的混凝土中；有的说他是被仇人碾碎，抛入池塘喂鱼。但31年来，从未有人发现他的踪影。

这一次，FBI接到线报，说霍法的尸体就被埋在小镇的一个养马场中，于是，他们马上展开行动。小镇居民原本是抱着看热闹的姿态关注着事态的发展，但很快FBI的高姿态就惹恼了他们。尤其是在看到FBI探员搜寻无果后，小镇居民开始尽情地拿FBI探员开涮，一家蛋糕店甚至生产了一个名为"霍法蛋糕"的杯状糕点，形状恰似一只手从土里伸出来，以此来讽刺自大的FBI探员。据悉，这种95美分的糕点在小镇中相当热销。

这一事件让FBI当局开始反省自己，他们认识到，与其让民众走向对立面，不如让他们也参与到调查之中。因此，FBI当局的态度开始大为改观。2011年4月，FBI当局在官网上公布了两张"死亡密码"，正式向全世界求助。

案件的经过是这样的，1999年6月30日，密苏里州西奥尔顿的一名农夫在田间发现了里奇·麦考米克的尸体。警方认为这是一起凶杀案，但找不到任何作案动机和致死原因，只是在死者的口袋中发现了两张写满密码的纸条。死者的母亲说，麦考米克生前对密码非常着迷，因此，FBI当局认为，只要破解密码，就可以找到破案线索，但FBI的专家与美国密码协会都无法破译这张纸条。目前，这一案件已经被FBI列为美国的头号悬案。事实证明，FBI公开求助的这一做法相当高明，民众看热闹的心态马上得到了改观，他们满怀热情地投身到破解密码的任务之中，并且向FBI提出了许多见解。虽然这一案件至今仍未告破，但民众的态度已经从旁观者转变为参与者，也许这才是FBI当局想看到的结果吧。

美国有位心理学家，曾进行过一项实验。首先，他让学生做些无聊的作业，不久之后，多数学生回家了，于是心理学家便对剩下的少数人说："在你们之后，另外有一些和你们一样作同样作业的学生在休息室等着呢，所以请你们对他们说这个作业是多么有趣。"于是，负责说明的这一批学生，便把这无聊的作业说得非常有趣。第二天，心理学家把学生招集起来，让他们发表对这个作业的意见。结果，事先回家的大多数学生都回答说："真是无聊透了。"相反的，担任说服工作的少数学生中的大部分都回答说："非常有趣"。

这正是所谓的"认知的误差"，当想法和实际行动有所差距时，思考将会受到外在行为的影响。担任说服工作的学生，由于必须对第三者表现出自己的兴趣，因而思想上便产生了好像很有趣的错觉，也就是说，在实际行动上，会把感觉的判断拉向实际的行为当中，甚至会连自己原本的思想、意志、主张都产生了变化。比如在某家公司，若是用平时表现较差的职员担任新进职员的训练工作，教导他们要努力为公司尽全力，相信不久之后，该职员对公司的态度一定会因为这项职务的影响而大有改观，当然，这种行为也可能具有反面效果，这就得看当事者如何去想了。

额外收获

做生意的秘诀在于，让消费者在消费时，获得更多心理上的满足。

2010年9月15日，弗兰克·卡斯塔迪由于金融诈骗，被法院判处23年监禁，曾经风光一时的他，就这样结束了自己的诈骗生涯。

弗兰克从小就受到父亲的影响，他看到父亲总是不厌其烦地劝说顾客购买自家公司的"债券"，并向顾客承诺，等到票据到期，他们就可以拿回本金，同时还可以获得10%至15%的年息。但父亲却从来没有用"债券"的钱扩大公司规模。

大学毕业后，弗兰克加入了父亲的骗局，并且凭借精明的头脑，将这一骗局越做越大。在随后的40年中，他先后从473个投资者或投资机构那里，得到超过7700万美元的资金。每当顾客对自己的投资表示担心时，弗兰克便用高额的红利诱导对方，而投资者的注意力，往往会马上从对投资的担心，转移到对红利的渴望上来。就这样，弗兰克用新投资者的钱，偿付老投资者的红利，数十年中竟然从未被人发现。

然而，席卷全球的金融危机却让弗兰克的骗局露出了马脚。由于资金链断裂，弗兰克已经无力偿还高额的红利，于是，在2009年5月，300多位被套牢的投资者，联名举报了弗兰克的骗局。

这原本是一个简单的"庞氏骗局"，但为什么40年来从未被识破呢？原因很简单，弗兰克精明地利用了心理学上所说的额外收获，即让投资者被高额红利所吸引，以为自己占到了便宜，却忽略了为得到红利而支付的巨额本金。

在电视广告中，我们经常可以看到许多促销的方法，有附加赠品，也有打折降价，但到底那一种能给消费者带来最大的满足感呢？或许有些人会认为价格上的折扣比较有实质的好处，但是一般而言，人们在买东西时，如果再加上一些赠品之类的东西，会更容易获得买到便宜货的满足感。

在以前还是卖方市场的时代，说不定只要便宜几块钱，就能使消费者感到心满意足。但是，现在是所谓的买方市场，"不二价"这句话如同天方夜谭一样。所以一点点折扣已无法再让消费者动心。如果以消费者的心理来看，以600元买到原价1000元的商品时，他并不会觉得赚了400元，而是会认为这件商品的真正价值只有600元。

换个角度，如果购买1000元的商品，再附送价值400元的赠品，便会产生"买到了1000元的商品另外再获得400元的商品"的感觉，但是对商家来讲，这两种方法并无任何差异。

生意人会利用这种消费心理，比如在市场买菜时，老板会说："这位太太，买我的菜就可以附送葱和大蒜！"消费者便会感觉得到了好处。百货公司的服装店，也经常使用这种方法，比如说，买一套西装就附赠一条领带，目的就是为了招揽顾客。

再举一个例子，现在有许多大宾馆，都标明住宿免费送早餐、机场接送等等优惠，在这种情形下，你会认为占到了便宜了吗？事实上，这也是他们一种促销的手段，使消费者在消费时，获得更多心理上的满足。但是有一句话也是真理，"杀头生意有人做，赔钱买卖没人做"，请各位谨记。

品牌的力量

不管品质的好坏，固执地认为"高价等于高级"，实在不是理性的消费心理。

2009年，席卷全球的金融危机持续肆虐着，大量公司宣布破产，或者被迫进行裁员。人们面临的就业危机空前严重。但另一方面，FBI的招聘工作却在如火如荼地进行着。截止到2009年3月17日，已有超过27万的应聘者投来简历，准备竞争3000个工作岗位，据悉，这次FBI将招聘850名探员和2100名电脑专家、语言专家、情报分析员等各专业人士。

对于这样的激烈竞争，就连负责招聘的FBI局长约翰都有些措手不及，因为往年FBI只能收到大约7万份工作申请。对此，约翰说道，以往我们很难招聘到那么多有化学、生物、自然科学背景的人才，因为这些人更倾向于大公司，在那里可以得到更多的年薪。但金融危机却让我们占了大便宜。

其实，金融危机只是一个外部环境而已，真正吸引人的，是FBI这一维持了百余年的品牌。金融危机让人们意识到，品牌才是稳定的关键。正如一位名叫兰普肯的单身母亲所言，吸引她的是这里的稳定工作和福利待遇。

这正是品牌的价值所在。在现实生活中，如果我们想要操纵对手，有时根本不需要花费多大的代价，只要让对手感到安心，从而放松警惕就足够了。想一想为什么商家总是绞尽脑汁制作出新颖的广告，为什么公司招聘都要将自己冠以500强的名头，为什么国企会让应聘者趋之若鹜？就是因为这些名头可以让人感到安心，不用整日提心吊胆，担心商品的质量，或是工作的稳定性。因此，如何让自己看起来更为可靠，如何让自己的话更为可信，才是操纵对手的关键所在。简而言之，就是要打出自己的品牌，向对手展现你的优点所在。

每当换季的时候，大部分的百货公司就会开始进行服装拍卖。拍卖的价格通常比换季前的价格便宜二到三成，但有一家意大利进口服装却从不打折。由于原本定价就比其他产品贵，再不打折，就比其他商品贵上许多了。我在想，以这种价格，到底谁会买呢?但是有人却这样说："穿上这家品牌的衣服，象征着自己是懂得品味的高层人士，在品质上，虽然其他品牌也有不错的衣服，但不知怎么的，如果不穿这种牌子的服饰就感觉不出高级来，所以，即使价格高出许多，也会有人买，只能说穿上这种牌子的衣服就觉得高人一等吧!"

事实上，对穿着昂贵服装的人而言，品质的好坏已经是次要的问题，他们具有"贵的东西就一定是高级品"的观念，和我们所谓"迷信品牌"的人是同一种类型。

既然许多人都有这种"迷信"，那么厂商就更不可能打折了。打折，等于是降低了自己的品牌水准，而高价正是买者"虚荣心的根源"。当然，我想这种情形每个人都早就知道了，所以也不能称之为"欺骗"消费者。但是，不管品质好坏，固执地认为"高价等于高级"，实在不是理性的消费心理。

从另外一个角度想，如果厂商为了消化库存而折价促销，对消费者来说肯定是一个好消息，但是，如果降价的幅度过大，反而会使人心生怀疑，这些促销商品是否有瑕疵呢? 其中的尺度，正是厂商应该小心拿捏的。

第五章
时时牢记的攻心策略

灵活运用攻心策略，让自己事半功倍，让对手防不胜防。FBI就像一条变色龙，随机应变，收放自如。

对比效果

利用"对比效果"，能轻易使人答应自己提出的条件。

在FBI的历史上，担任局长长达半个世纪之久的埃德加·胡佛，绝对是一个值得大书特书的人物。作为FBI的第六任局长，他的功绩可谓是辉煌至极。他将调查局（BOI）改组为联邦调查局（FBI），建立了指纹档案系统和犯罪实验室，在他的指挥下，FBI成为了一个严密有序的机器，维护着国家的正常运转。

但是，胡佛也是美国历史上最具争议性的人物之一。他能够熟练地运用政治手段，让这个国家成为他的傀儡。在他任职的48年间，美国更换了8位总统，16位首席检察官，但他的位子却丝毫没有动摇。据说，美国总统杜鲁门、肯尼迪和约翰逊都曾考虑过将他撤职，但最终都不了了之，这就足以说明胡佛的权势。

胡佛在执掌FBI之初，就定下了"顺我者昌，逆我者亡"的基调，并且一直以此为信条。那些他看不惯的探员，不是被撤职，就是被调到毫无用武之地的岗位，甚至当时被誉为"最强特工"的梅尔文·珀维斯也未能幸免。胡佛的对手就更不用提了，一个个被他玩弄于股掌之间。与之相反，那些他喜欢的人，则可以要风得风、要雨得雨，在各自的舞台上大红大紫。这就是胡佛的操纵术，强烈的对比让人们知道，要想在胡佛手下过好日子，就一定要顺从他的意志。理查德·海科在他的人物传记《傀儡王：埃德加·胡佛的秘密一生》中写道，FBI这支队伍只听命于胡佛一人。他们从来不听首席检察官的命令，也不听美国总统的命令，他们只听胡佛的命令。

为什么FBI探员会如此效忠于胡佛？答案当然是"顺我者昌，逆我者

亡"，当特工看到亲手击毙超级抢匪的梅尔文·珀维斯灰溜溜地被赶出
FBI时，他们会作何感想？当特工们看到马丁·路德·金由于没有接听胡
佛的电话，就被胡佛幽灵般地监视着，再也没有自由可言时，他们会作何
感想？当特工们看到那些胡佛喜欢的人大红大紫时，他们又作何感想？强
烈的对比告诉他们，必须顺从胡佛。这就是对比的效果。

在高速公路上用时速一百公里行驶，你不会觉得快，但如果以同样的
速度在一般马路上行驶，就会令人心惊胆战了，这就是心理学上的"对比
效果"现象。

"对比效果"在日常生活中经常被运用，刑警逼问嫌犯时会说："你
现在早点供认，会获得减刑，你越是否认，罪行会越重。""供认则罪
轻"和"不供认则罪重"，二者对比，嫌犯因担心罪名加重，就供认了罪
行，以减轻刑罚。

所以，当给对方提供两个选择时，故意加重其中一项的苛刻条件，使
他觉得与前者相比，还不如乖乖地答应后者的条件。

例如，公司中的销售金额总是保持在50万上下，如果想让属下在一周
内将销售额增加到100万，在开始时就要将标准提高到150万，此时，属下
会觉得150万实在太困难了。然后再把标准调到100万，这样大家就会认为
这个标准容易达成多了。

利用对方的心虚

你可以让他的"客气"一直持续下去。

2005年6月，FBI全力出击，终于在亚利桑那州韦尔顿市将数起绑架案的主谋威尔·本格特抓捕归案。据称，本格特涉嫌策划并实施了亚利桑那州和德克萨斯州的五起绑架案，并导致两名人质死亡。

本格特是个典型的强迫症患者，他要求自己策划的每起绑架案都完美无缺，他会详细调查绑架目标的家庭情况、经济状况以及个人喜好，他喜欢对每一名人质都了然于胸。FBI犯罪行为专家金布里特认为，这种行为可以体现出本格特强烈的控制欲。本格特还有一个习惯，就是对每一起绑架案都做出详细的记录，以便自己随时查阅，而具有讽刺意味的是，这些记录在他被捕后，成为了FBI指控他最有力的证据。

同时，本格特还是一个心理大师，虽然他从未学习过任何有关心理学的课程，但在他策划的所有绑架案中，都很好地利用了被害者家属心虚的心理，从而成功占据上风。他所策划的五起绑架案都有一个固定模式。他会先将人质的鞋子装在塑料袋中，扔到受害者的家门口，让对方确信人质在他手中，同时附上一封信，要求对方不许报警，并说一个小时后会给对方打电话索要赎金。但他从没有按时打过电话，而总是延后40分钟。在这40分钟里，叫来警察协助的人质家属则是焦急万分，他们总是会认为自己做出了错误的决定，觉得绑匪一定发现了警察，并且很可能为此杀掉人质。这正是本格特想要达到的效果，他的心理战成功了，他利用人质家属小小的负罪感，成功制造出了他们与警务人员之间的隔阂。在亚利桑那州，一位人质家属甚至主动要求协助办案的警务人员离开他的房子。

虽然FBI探员最终还是抓获了诡计多端的本格特，但那位要求警务人员离开的人质家属，还是让他们无法释怀。他们是去帮助解救人质的，但在人质家属的内心深处，总有一点小小的担心，害怕由于警务人员的介入而危害到人质的安全，本格特正是利用了这一点，将人质家属的心虚无限扩大，制造出了一场又一场的闹剧。

在日常生活中，善于利用对方的心虚，同样是一个操纵对手的好方法。上班、约会迟到了5分钟，可能只需向对方道歉便可解决。但如果是在协商事情时，可就没有那么简单了。

如果在对方迟到时，你直接指责他说："你是怎么搞的，我足足等了30分钟！""约好了时间却不遵守，还有什么可说的？"这时对方便会低声下气地道歉，迟到的事便会雨过天晴。而在交谈时，迟到的人一开始会觉得自己错了，所以有心虚、客气的种种表现，但渐渐地，这种态度便会消失。

如果你不提迟到之事，在对方道歉前就先提出交涉的主题，不听对方的迟到解释，一笑了之，这时对方便会觉得不安，谈话的主动权就操之在己了。

人心是很奇妙的，自己的弱点或缺失如果被轻视，便会感到人格扫地，心里会产生极度的不安，谈起话来也会心不在焉。而且心里会因迟到而心虚，想说的事便难以启齿。所以要利用此心理，在交涉时早点去，让准时到的对方有"你久等了"的错觉。

在公司里，部下提交文件，上司不当场评论，而是先默默点头或微笑着收下文件。下属看到这种情形便会觉得"为何不说话呢？是不是出了什么错？"所以面对犯错者，不要明显指出错误，让对方"自己想一想"，会使他更加不安。

第三方立场

不实的信息，一旦被当成第三者的思考或意见被传达出来，立刻就会让人相信它的真实性。

1996年5月，堪萨斯州拉克罗斯市发生一起命案，54岁的商人西科尼在自己的家中遇害。FBI探员经过仔细排查，发现死者的前雇员拉普·克洛克的嫌疑最大。克洛克居无定所，在因偷窃公司财务被西科尼解雇后，也一直没有固定工作，据警方了解，他现在最可能的藏身地就是科罗拉多州伊兹市郊区、他女朋友安娜的住处。

FBI探员克里夫受命前去询问安娜，希望能从她那里得到一些有用的信息。现年34岁的安娜常年生活在社会底层，因此对警察并没有什么好感。克里夫在与她谈话时，明显感觉到对方非常不配合，因此，这次谈话也没有获得任何有用的信息。

看到不能直接与安娜进行交流，探员克里夫决定改变策略，他找到安娜的邻居，一位名叫塞拉的女士，希望她能够与安娜进行一次谈话。经过耐心的劝说，塞拉最终同意了克里夫的请求，并愿意佩戴窃听器。塞拉平日里与安娜关系不错，因此两人的谈话也进展得比较顺利。塞拉告诉安娜，说克洛克是个危险人物，她不希望安娜受到伤害。安娜听从了塞拉的劝说，表示愿意同警方合作，并告诉警方克洛克就藏身在郊区的农场里。FBI探员根据安娜提供的线索，最终在一家农舍内抓捕了克洛克，而他也对自己的罪行供认不讳。

克里夫回顾这次调查时说，案件的转折就在于塞拉同意劝说安娜与警方合作。在安娜心中，一直固执地认为执法人员都是为富人服务的，因此对FBI探员的造访表现得非常反感，这种负面情绪，也决定了她绝不会与警方合作。但塞拉就不同了，安娜一直把她当成自己的朋友，也愿意听从她的劝告。事实也正是如此，平复了心境的安娜最终向FBI探员举报了克洛克的藏身之处。

这个案例告诉我们，在当事双方立场对立时，适时地引入第三方，就会很容易缓和对立双方的冲突，甚至改变对方的立场。这种方法在现实生活中也被广泛使用着。下面就是我的一次亲身经历。

某一天，有一位卖房子的推销员来访，由于他带了我朋友给他的介绍信来，因此我便没有拒绝他。但是，初次见面时他只说了几句，就让我不知不觉地相信了他所说的话，陷入圈套却不自知，他是这样说的：

"事情是这样子的，我们经理对您非常崇拜，想要亲自上门拜访，又怕打扰了您，因此他托我无论如何要将这本书带来，请您签名……"说着，便从手提包中拿出我最近刚刚出版的一本书。

"我一直对你相当崇拜"这一类的话，是许多推销者常用的方法，但若是把推销者放在句首，很容易就被对方识破。这次他却将"我的经理是您的崇拜者"放在前面，这比"我是您的崇拜者"更加具有说服力，而且连书都事先准备好了，这种高明的奉承，我想任何人都会无法抗拒。

不实的信息，一旦被当成第三方的思考或意见被传达出来，立刻就会让人相信它的真实性。所以有技巧的骗子经常会利用人们这种心理，譬如说：当某人带一个外国人到咖啡屋去，然后对柜台小姐说这是某家跨国公司的总裁。过几天，他又带着未婚妻到那家咖啡屋，在谈话中佯装突然想起某件重要的事情必须出去一趟，那么被留下的未婚妻一定会感到不安，于是便询问认识他的柜台小姐："你认为他是怎样的一个人呢？"柜台小姐也不太清楚，但却记着前几天外国人的事，因此回答说："好像是某家跨国公司总裁的朋友"。像这种由第三者说出的话，就更容易让人相信了。

赢得信任

在还钱时，不要把现金直接交到对方手上，即便是钱少也要放入信封里，郑重地归还。只要妥善地做好这些小事，便会取得对方完全的信赖。

2011年5月17日，FBI在其官方网站上刊登了一篇名为《儿童猎手：网络威胁持续增加》的文章，其中详细记述了恋童癖患者利用网络引诱受害者的伎俩。

FBI探员格雷格·温在文章中说，恋童癖患者总是出现在青少年聚集的地方，以前是公园和博物馆，现在则将阵地转移到网络上来，据统计，现今每天大约有50万恋童癖患者会通过网络寻找自己的猎物。

一般来说，网络中的恋童癖患者经常伪装成青少年，与准备引诱的目标取得联系，然后他们会想方设法获得对方的信任。对于天真、充满好奇的青少年而言，这是非常容易的事情。因为青少年总是急于表达自己，他们的个人网站上经常充斥着各种信息，如家庭住址、学校、喜欢的音乐和电视节目等，通过这些信息，恋童癖患者就能够轻易与选定的目标打成一片，进而获取他们的信任。在获得对方的完全信任后，恋童癖患者就会设法与自己的目标见面，而放松警惕的青少年则会成为猎物，他们往往在最后时刻才发现，自己信任的"网友"居然会是罪犯。

格雷格说，这种以寻求见面为目的的恋童癖患者往往会导致暴力犯罪，好在他们只是一小部分人，大多数的网络恋童癖患者都不会对青少年造成肉体伤害。他们会在与目标成为朋友后收集他们的相片，并继续跟他们谈心，这种行为一般要持续几天，甚至几周的时间。然后，他们就会尝试着引入一些关于性的话题，并且越来越露骨，从而满足自己的需求。

　　无论那一种恋童癖患者，他们在实施犯罪之前，都会事先取得目标的信任，而这也是他们罪行成功的关键。因此，格雷格在文章中不断提醒家长和青少年，一定不要轻易相信陌生的网友，否则很可能会受到伤害。

　　在现实生活中，如果能够赢得对方的信任，那么几乎就意味着你已经可以操纵对方了。近几个月，连续发生了多起骗取投资人的积蓄，使得投资人血本无归的欺诈案。该机构倒底是用了些什么方法，居然能够募集到高达上亿的庞大资金呢？

　　这个机构诈骗手法是这样的：首先，与投资人约定高利息使其上当，并且不断地强调不是向投资人借钱而是投资。最初投资人的金额并不会太大，也就是"即使被骗也无所谓"的程度。骗子对这样的小额投资——比如约定一个月就可得到一成的高利，一旦到期会马上支付利息。经过几次之后，投资人的防备心理也就打消了，投资金额也从原来的几千涨到了几万，但是，世界上真有这么好的事吗？

　　这个机构之所以能够得逞，可以说是巧妙运用人性的弱点。如果能遵守小的约定，即使是最初觉得有些怀疑而抱着警戒心的人，也会放松警惕，开始信任对方，这是人之常情。虽然钱少，也要尽早归还。而且在还钱时，不要把现金直接交到对方手上，即便是钱少也要放入信封里，郑重地归还。只要妥善地做好这些小事，便会取得对方完全的信赖。

　　像这种充满诚意的作法，不只是在借贷关系上发挥作用，在一些小约定或日常生活上也有同样的效果。比如遵守在酒席上的承诺，便可以得到"信守承诺"的评价，因为一般在酒席上的约定，多半是在带有醉意的情况下开的玩笑，对方也不会当真，即使不遵守约定，别人也不会觉得奇怪。但是如果信守承诺，评价自然就不同了。

我们总爱占便宜

把多付的钱收回来，这是天经地义的事，但是却让人有"赚到了钱"的感觉。

今年4月，FBI探员在蒙大拿州海伦娜市的一间出租房内，逮捕了一个网络诈骗团伙，3名团伙成员当场被捕，他们将面临法律的严惩。

这个网络骗局是由特普兰·哈利一手策划的。他用正规的网络卖场作为背景，因为这样可以赢得买主的信任，降低他们的戒心。然后在网站中建立一个自己的链接，并以超低价格的家具作为诱饵。被低价吸引的买主一旦点击链接，就会被引入一个毫无监管的非法网址，在这个网址中，会有大量超低价格的、被注明为厂家直销的家具图片与购买链接。这些图片都是哈利在其他网站中截取的，而价格要比正轨网店降低百分之二十以上。当买主看中某件家具，并点击购买链接后，就会出现一个第三方的中专账户，而且，第三方会郑重声明，只有当买主拿到家具并表示满意后，这个账户中的资金才会被转存至卖方的账户里。当然，这个第三方账户也是哈利的阴谋，为了让买主深信不疑，他甚至在中转账户下面留下了一个网络联系方式，以便买主随时查询账户情况，而应付买主的任务则有哈利的两个助手完成。一旦买主上当，将钱存入中转账户，哈利就会立刻将钱取出，然后建立新的网络链接，准备下一起诈骗。

依靠这种方法，哈利先后骗取了200多万美元，他原本认为自己的计划天衣无缝，但没想到FBI探员从立案到最后侦破，只用了半个月时间。哈利告诉FBI探员，在策划这个骗局时，他自己都没想到会有这么多人上当受骗，而且，他并不认为这个诈骗完全是自己的错，那些受害者上当的真正原因，是他们爱占便宜的心理，如果他们不是贪图超低价格，怎么会陷入到这个骗局之中呢？

在现实生活中，所有人都或多或少怀有一些贪图便宜的心理。某家公司由于电脑操作的失误，接连几个月都付给职员额外的薪水，而后决定把三个月多领的部分，按比例按月收回。这种情况下，归还多拿的钱是理所当然的事，但是有许多职员却觉得好像吃亏了一样。这是因为，即使本来不是自己的钱，可一但进了自己的口袋，便很容易觉得这钱本来就是自己的。因此，要职员归还这笔钱，就好像要占他们的便宜一样。

现在很流行的信用卡也可以当成同一件事来说明。很多人在刷卡时毫不在意，但是在还钱时便不够爽快，这就是因为"借来的钱感觉好像就是自己的"的心理。而在报税的季节中，工薪阶层每月要从薪水中预先扣除一部分支付税金，如果多付了，就会得到国税局的退税。只要有这些退回来的钱，即使再少，大部分的人也都会觉得好像得到了什么利益似的，但事实上，这些钱原本就是自己的。把多付的钱收回来，这是天经地义的事，但是却让人有"赚到了钱"的感觉，这也是因为"一旦付出的钱，便不是自己的"的心理作用。

正因为这种"一旦出去的钱再收回来，虽无实质获利，但却使人感到占便宜"的心理，才产生了以这种手段吸引消费者的商业手法。为了招揽客人而打折，是许多商家的做法，但有一家超级市场虽然同是打折，却采取了另一种方法。比如，当其推出八折优惠时，商品标价却故意不打八折，还是按原价标示。客人在收银处照原价付款，再拿着收据到服务台，取回折算后的现金。用归还现金的方法，虽然同是八折，但顾客却感觉好像得到更多的利益，因而满心欢喜地愿意再度光临。

单位错觉

把相同数量的东西改变单位，会让对方产生判断上的错觉。

20世纪80年代末至90年代初的波士顿，完全是爱尔兰黑帮横行的年代，当时，FBI采取鼓励黑帮内战的方法，消灭了意大利黑手党，但是一波未平一波又起，爱尔兰黑帮马上占领了黑手党留下的真空，并在数年之间迅速发展壮大，冬山帮的头目"白头佬"詹姆斯·巴格就是其中的佼佼者。

巴格不但心狠手辣，而且老谋深算，他甚至在FBI内部安插了内线，监视着警方的一举一动。因此，毫无顾虑的巴格变得更加肆无忌惮。他洗钱、勒索、贩毒、杀人，可谓是无恶不作，而高利贷算是他"发财致富"的重中之重。

黑帮放高利贷原本是很平常的事，但巴格推销高利贷的方法却非常值得推敲。他并不会说些好听的，诸如理解借钱人的难处之类的话，而是将重点放在利息上。他会告诉那些急于借贷的人，自己是个讲道理的人，如果向自己借1000美元，那么在接下来的一年里，只需每天偿还4美元的利息。4美元，我的天哪，任何一个急于借贷的人都不会在乎这点钱吧？但是他们错了，每天4美元，就意味着一年要缴纳超过480美元的利息，这可是近乎80%的年利率啊。但是，当巴格说出每天偿还4美元的利息时，几乎绝大部分借贷者都毫不犹豫地接受了，这就是巴格的聪明之处，他将年利率换算成天，用最小的单位来误导借贷者。最终，那些粗心的借贷者不是倾家荡产，就是流亡他乡，有的甚至被巴格"清除"掉了。

像这一类用数字来迷惑人们的判断的情况，我们可以称之为"单位错觉"。把相同数量的东西改变单位，或加或减，会让对方产生判断上的错觉，从而产生另一种心理效果。

"到市区只要60分钟的车程"——像这种房屋广告我们会经常看到，如果把宣传文字改为"到市区只要1小时"，那会变成怎样呢？你一定会觉得比较远。这是因为人们觉得"分"比较短，而"小时"则比较长的原因。应用人的这种心理，将时间单位改变，让观者产生错觉，这种手法可以说是不动产广告中常用的一种心理战术。同时再加上"仅仅"、"只要"之类的词，强调其距离之短，"60分钟"的效果就会更加明显了。

在我们的日常生活中，经常能见到这样的例子，比如：水果摊经常把水果以"一堆10块钱"来出售，虽然当中有好有坏，甚至腐烂的也混杂其中，但是往往都能卖得比较好。这就是因为人会有一种心理，认为与其"一斤3元"地零买，不如一次多买点比较划得来。这就是水果摊老板在顾客心里制造出的"单位错觉"。

分期付款购物是大家目前经常使用的一种消费习惯，也可以说是商家运用"单位错觉"，让消费者接受的一种买卖行为。例如：消费者无法把一台20万元的车子一次买下来，但一听到"分期付款每月只要5000元"，就会感到"自己的经济能力可以负担得起"，这就是"单位错觉"产生了效果。从这方面来讲，这些商家都是心理操纵的高手，因为负担不大，所以就很容易激起顾客的购买欲。因此，我们在购物时应该多衡量自己的需求，才不致于花冤枉钱。

让自己高深莫测

背向光源时，会让自己比实际更强大。

2008年6月21日，北卡罗来纳州费耶特维尔的一家汽车旅馆内发生一起凶杀案，23岁的现役女兵梅根·托玛被发现赤裸地死于浴缸之中，被发现时尸体已经开始发臭。8天后，《费耶特维尔观察家报》收到一封匿名信，信中详细交代了梅根一案的作案细节，更让人吃惊的是，在信的最下方还有一个星象图案，这正是三十多年前"十二宫杀手"的标志性图案。

"十二宫杀手"对所有美国人来说都是一个梦魇，20世纪60年代末，旧金山地区连续发生20多起凶杀案，每次案发后，警方和媒体都会收到一封署名为"十二宫杀手"的信件，交代一些只有凶手才会知道的作案细节，诸如凶手使用什么型号的手枪，发射了多少子弹等。凶手还会在每封信的结尾画上一个星象图案，有时甚至直接邮寄一些死者的物品。

1969年10月11日，汽车司机保罗·斯泰恩在自己的车中被人开枪打死。三天后"十二宫杀手"将一封写满作案细节的信件邮寄到《旧金山纪事报》。11月9日，又寄来一件血衣，事后被证明这件衣服正是斯泰恩被杀时所穿的。在每封信中，"十二宫杀手"都极力讽刺警方。虽然警方出动大量警力，仍然未能破案。据悉，警方认为至少30人死于"十二宫杀手"的枪下。在那段时间里，几乎所有的旧金山人都不敢在夜间出门，他们小心防备，却不知道自己要防备什么，恐惧就像空气一样将他们紧紧包围，甚至让他们喘不过气来。就在所有人都一筹莫展的时候，"十二宫杀手"却突然人间蒸发了，只留下了人们无穷无尽的猜测。

如今，"十二宫杀手"在神秘消失三十多年后再次出现，顿时引起美国民众的新一轮恐慌。虽然FBI探员经过调查，声称这不是真正的"十二宫杀手"所为，但恐慌并未就此终止，人们担心三十多年前的梦魇会再度降临。

其实，"十二宫杀手"的可怕之处，并不在于他杀人手法的残忍，而是他作案的无规律性。没人知道他会在什么时间、什么地点，杀死什么样的人，一切看起来都是随机的。就连他邮寄给警方和媒体信件中，都会画上各种难解的密码，让人觉得高深莫测。这正是"十二宫杀手"的恐怖之处：没有规律，就无法预知；无法预知，就不能防范。时至今日，"十二宫杀手"的真实身份仍然是一个谜。

在双方的心理博弈战中，绝不要让对方看穿你的内心，因为那样的话，你将毫无优势可言。宫本武藏是日本历史上最著名的剑客，他不仅剑术好，还工于心计，例如和佐佐木小次郎的岩流岛之役就是最有名的例子。他故意迟到一小时，使对方精神动摇，注意力降低。在比武时，他故意背向光源，此时夕阳已缓缓下沉，他纹丝不动地伫立着，而夕阳正好照射在小次郎的面孔上，使他眼睛疲劳。更因为背光的关系，使自己看起来比实际更强，在心理上更有优势。

因为背向光源的缘故，对方看不清自己，而自己却看清楚了对方，让对方感到恐惧不安，产生挫折感，这时无需动手，胜负已经分出。人都有这样一种心理，即面对那些了然于胸的事物时，都会抱有极大的自信心；若是面对那些并不熟悉的事物，自信心就会大打折扣。比如说鬼，没有人了解鬼，所以它才显得那样神秘，让人产生莫名的恐惧感。因此，想要在心理上占据优势，就要设法让对方看不清自己，即让自己变得高深莫测。

在国外的一些公司里，董事长办公室的设计是非常讲究的，白天从窗子照进来的光线，会正好照射在董事长的背脊上，增加其威严。晚上他们则会把整间办公室的灯光尽量减低，而仅在董事长背后的窗上设置光源，这些公司对室内设计也下了不少功夫。

如此的利用光源，可以使自己比实际更强大，于是对方便会乖乖地落入自己的掌握之中。

疲劳轰炸

一个人在身心俱疲的状态下，会变成另一个人。

2003年3月1日，哈立德·默罕默德在拉瓦尔品第被美国特工和巴基斯坦部队抓获，这位基地组织的三号人物，此前一直被美国反恐部门认为是9.11恐怖袭击的主要策划者，他在美国中央情报局的黑名单上，排名仅次于本·拉登和艾曼·扎瓦赫里。哈立德被捕之后，一直被关押在美国本土以外的地方，因此美国的审讯人员完全可以不受本土法律的羁绊，放开拳脚，大干一场。

但出人意料的是，有关人员表示此次审讯绝不会是严刑拷打，而是另一种精神上的折磨，他们希望通过摧毁他的精神支柱，来迫使其与审讯人员合作。熟谙审讯技巧的FBI审讯专家克里斯·惠特科姆，就提供了一种被称为"精神拷问"的方法。他觉得如果采用严刑逼供，对方很可能为了尽早解除痛苦，而违心地说出审讯人员希望听到的话，而这些话往往都是虚假的，只有从精神上战胜对手，才能获得真实的信息。为此，他建议采取疲劳轰炸，攻破哈立德的心理防线。

在具体措施上，克里斯建议审讯人员通过极不规律的进食时间、剥夺其睡觉的权利以及打乱他的生物钟等方法，来迫使哈立德一直处于一种清醒与半清醒的状态，从而给他的精神施加巨大的压力。

其实，长时间的疲劳轰炸是美国审讯人员常用的一种手段，中情局就多次使用诸如长时间强光照射、长时间高温或低温环境、以特殊理由剥夺犯人睡觉的权利等方法，迫使被审讯者就范。审讯专家埃莫森对此表示，"以这种方式审问需要不少时间，但效果非常明显，很少有人能够在精神持续承受压力的情况下不开口说话的。"

虽然对哈立德的审问过程是严格保密的，也曾为此一度遭受人权组织的质疑，但效果非常明显，2008年6月，哈立德在关塔那摩军事法庭告诉法官，他承认自己策划并参与了针对美国的9.11恐怖袭击。

在日常生活中，虽然我们不可能对他人进行长时间的"精神拷问"，但适当的疲劳轰炸仍然可以成为我们操纵对手的好办法。如在会议刚开始时，大家会对每一个提案源源不绝地提出己见，但过了一段时间之后，参与者便越来越疲倦。本来意见分歧很大的会议，却在"最后决定"下匆匆结束，因为提案最终获得了大家一致的赞成。

"让嫌犯吃的好、睡的饱，请他抽烟，是绝不可能问出实情的……"一位有经验的刑警这样说，"尤其是狡猾的嫌犯，要在舒适的物质环境下使其供认罪行，根本就不可能。"

所以在审讯时，这位刑警会不准他抽烟，并且以长时间的询问让他感到疲劳，使对方到达异常疲倦的状态后，再以一支烟为诱饵，让嫌犯轻易说出罪行。

人在身心正常时判断能力会较为适当，也能够控制好情绪。但如果肉体感到疲劳，将会使精神受到冲击，在身心俱疲的情况下，精力就会无法集中，判断力也会大打折扣。

在头脑运转不良的情况下，会缺乏批评的精神，纵然不合己意也会表示赞成。所以如果要使交涉的事情顺利完成，最好选择傍晚时分或对方感到疲劳时，令他无心思考。

在对方肉体疲劳时施加心理压力，会使对方态度产生180度的转变，甚至还有帮对方洗脑的功能。一般企业界在作干部训练时，常会采用感受性的训练，就某方面来看，也具有洗脑的成分。几周的集体训练，与社会产生隔绝，并且利用睡眠的时间来讨论事项，让全体人员陷入异常状态。一般来说，大家在身心俱疲的极限状态下，就会变成另一个人。

使威胁的效果加倍

与其在对方紧张时持续施压，不如先让他保持平静，然后再突然施压，这样的效果往往会更好。

FBI探员在对嫌疑人进行审讯时，会使用各种各样的方法，疲劳轰炸虽然非常有效，但在美国本土范围内，由于法律、嫌疑人律师、人权组织等原因，并不能被作为常规手段来使用，因此，另一种看似更为温和的方法，就让审讯人员更加青睐，那就是突然紧张法。

FBI探员宾加曼·库克就多次采用这种方法。1997年3月，埃斯卡诺巴居民奥尔芒因涉嫌谋杀雇主哈布伦一家被逮捕，当时，44岁的哈布伦被发现死于自家的卧室中，他的头部遭受钝器多次猛击，造成致命伤。而他的妻子和一对儿女则死于客厅，均是被手枪击中身亡。

在提审时，奥尔芒显得非常紧张，甚至双手都有些轻微颤抖。这一切都被宾加曼看在眼里，但他并没有立刻询问凶杀案的相关问题，而是极力让其保持平静。他说道："抽根烟吧。"然后将一支烟递给奥尔芒，并帮他点火。接着又问了他一些很普通的问题，如姓名、籍贯、上学情况等，在提问中，宾加曼敏锐地察觉到嫌疑人的语速越来越慢，这是一个很好的信号，表示对方已经不那么紧张了。于是，他立刻将话题转到凶杀案上来，语气也变得更为强硬，"现在，我们来说说这起凶杀案吧，你认识这个人吗？"他将一张哈布伦的照片递给奥尔芒，奥尔芒刚刚有所缓和的神经马上紧张起来。他点了点头，表示自己认识死者。宾加曼又问道："他是你的雇主，对吗？""是的。""这些人你也认识吗？"说着，宾加曼又将哈布伦家人的多张照片摆放到桌子上，"告诉我他们的名字！""这是凯……是哈布伦的妻子……他的儿子威廉……还有女儿艾米丽。""你觉得这些孩子有几岁？""……不知道""威廉12岁，那个小的只有10岁。是你杀了他们吗？""……""你为什么要杀他们？"

在连续的逼问下，奥尔芒终于支持不住了，讲述了自己作案的经过。他那天与雇主哈布伦发生争执，回家后越想越生气，便到雇主家与其进行理论，并随手拿起一个棒球棍准备教训哈布伦一顿。哈布伦跑向自己的卧室，因为在床头柜中放有一把手枪，他想拿枪保护自己。奥尔芒追到卧室，看到对方手中的枪，便慌了神，下意识地用力击打哈布伦的头部，致其死亡。这时，哈布伦的妻子带着儿女回到家中，刚刚杀人的奥尔芒害怕他们会报警，便捡起地上的手枪打死了他们。

宾加曼事后回忆道，他一看到奥尔芒，就知道他不是那种杀人狂，他杀人可能是由于失手，也可能是一时冲动。所以，只要稍微施加压力，就可以让他说出实情。因此他故意问了一些不疼不痒的问题，尽量让嫌疑人保持平静，然后突然拿出凶杀现场的照片，并以询问姓名、年龄等方式，迫使对方仔细观看照片，这时，突然增加的恐怖感和负罪感，就会击溃嫌疑人的心理防线。事实也证明宾加曼的方法是正确的。

与其在对方紧张时持续施压，不如先让他保持平静，然后再突然施压，这样的效果往往会更好。你看过《黑色星期五》这部电影吗？看过这部电影的人都会告诉你说："这部电影最恐怖的是在影片结束的那一刻。"

在影片结束前的五分钟，凶手——那个变态的女人死了，后来警察来了，记者也到了，女主角一个人躺在小舟上，整部片子呈现难得的平静，突然……"杰克"从水里冒了出来。哇……接着整个电影院立刻响起大声的尖叫。这可怕的尖叫是由于观众好不容易松了口气，却又受到了突如其来的恐怖冲击，让内心为之一震。

以前有位富有经验的警察说："当你发现有小偷潜入你家时，要先躲起来不要出声，因为小偷此时可能会伤害人。等他偷完要踏出家门时，再大声吆喝，小偷肯定会吓一大跳。因为他偷得很顺利，在紧绷的神经放松下来时，突然一喝，效果自然加倍。"

用好最后期限

"最后"——最好的广告用词。

在审讯嫌疑人时，什么方法最好用？是威逼，还是利诱？其实，还有一个将威逼利诱结合起来的方法，这是执法人员非常喜欢的方式之一。

2001年11月28日，世界上最大的天然气和电力公司之一，北美地区头号天然气和电力批发销售商——安然公司宣布倒闭，霎那间，一个巨人轰然倒地。2006年，安然公司前首席执行官杰弗里·斯基林多项罪名成立，被休斯顿联邦地区法院判处入狱24年零4个月，并面临上亿美元的财产追偿；前董事长肯尼斯·莱由于突发心脏病去世，指控被撤销，但其家族则要支付1200多万美元的赔偿金；投资公关部经理保拉·里克尔由于内部交易罪，被判有期徒刑10年，缓期2年执行，一时间，安然公司的高层几乎全部获刑。

其实，包括FBI等执法部门对于安然公司的调查，之所以进行的非常顺利，在很大程度上得益于污点证人。而FBI探员对付污点证人的方法，正是将威逼利诱相结合，一方面保证可以获得缓刑，另一方面设立最后期限，敦促嫌疑人加入污点证人的行列。

这一招的效果非常明显，2005年12月28日，安然公司前首席会计师理查德·考西向法院认罪，被判处7年监禁，以及125万美元的罚金。但由于他同意成为污点证人，指认肯尼斯·莱和杰弗里·斯基林的罪行，被法院减刑2年。首席财务官助手迈克尔·柯伯和投资公关部主管马克·凯尼格由于在最后期限前成为污点证人，分别被法院判处3年零1个月和1年零6个月，而之前他们面临指控的最高刑期是15年和10年。可以说，正是这种大棒加胡萝卜的方法，让调查变得极为顺利。

　　在我们的日常生活中，百货公司经常举办一些商品特卖会。在卖场的宣传海报上，一定都会特别注明"最后一天"、"限时抢购"、"机会难得"等字眼，而会场上总是人如潮涌，万头攒动，套用一句他们常说的广告词，真的是"盛况空前"！其实这是百货公司抓住人性的弱点，所研究出的成功销售策略。

　　在现代社会中，人们往往稍微迟疑就会失去大好的机会，但是，在现实生活中凡事都要考虑再三、难以下决心的人却大有人在，为什么有时候人们会如此犹豫不决呢？这是因为人性中潜藏着"延后意识"的心理。"还有时间考虑考虑"、"过一阵子会有更好的结果"、"慢慢来不用急"、"再看一看"——如此的期待，会让他们无法马上做出决断，别人可能也要陪着他浪费时间；面对这种情形，应暗示他们，再等下去也不会有更好的结果。即使还有时间思考，我们还是要先给对方最后的通牒，打消他们心中期待更好的念头。就像百货公司针对犹豫不决的顾客明确表示："这是最后机会。"破除他们心中的"延后意识"，这是最有效的作法。

　　人们对于"最后"二字，总是心怀恐惧。在面对促销时，即使平时再犹豫的人，看到这些天花乱坠的广告标语，也会怦然心动。值得一提的是，少数行事果断的人，虽然不会被这种手法所迷惑，可是当看到会场上其他人"疯狂抢购"的场景时，也会增强他们购买的欲望。

冥冥之中，自有天意

人们看不到未来，因此，会对命运产生强烈的憧憬，相信命运安排的"奇遇"所造就的亲密感。

1993年10月，底特律。63岁的乔蒂一觉醒来，发现自己的丈夫曼德尔，穿着一件睡衣，死在了他的书房中，尸体旁有一个散落的空药瓶，乔蒂马上拨打了911电话。尸检结果显示，曼德尔死于突发性心脏病，这种病本可以通过服用药物得到缓解，但遗憾的是，这天晚上曼德尔书房中的药物刚好用完了。从事发现场也可以看出，当晚，曼德尔正在书房中看书，突然心脏病发作，赶紧起身去拿柜子中的心脏病药，结果却发现药瓶是空的，于是也就有了这悲惨的一幕。

对于丈夫的死，乔蒂自责道："曼德尔心脏有问题，所以家中总是准备着药物。前几天，曼德尔告诉我说他的药吃完了，让我再去买一些回来。但是那天我们大吵了一架，我就把买药的事情忘记了。谁知道这么巧，他的病居然就在此时发作了，都怪我不好。"说完，乔蒂就伤心地哭了起来。

是的，正如乔蒂所说，这真是一个悲惨的巧合。警察们能做的，也只是安慰一下这位悲伤的老人罢了。但是，当一切都看起来风平浪静之时，一封匿名信却再次掀起了波澜。这封信上说，曼德尔的死不是意外，心脏病发作和空药瓶也不是巧合，这一切都是乔蒂一手策划的。

虽然警局收到匿名信是很常见的事情，但针对普通市民的匿名信却非常罕见。因此，底特律警方针对此案，展开了更加细致的调查。调查发现，在曼德尔死前，他与乔蒂的婚姻已经走到了尽头，他已经聘请了律师，准备打离婚官司。而曼德尔的死，不但让乔蒂获得了曼德尔的所有财产，还领取了巨额的保险金。在FBI犯罪实验室的帮助下，警方终于发现了重要证据，证明曼德尔心脏病发作的第一现场是在卧室，而非书房，因此，乔蒂的所有谎话也就随之不攻自破了。

在审讯时，乔蒂终于说出了实情。曼德尔当时另有新欢，决定与乔蒂离婚，这对于思想保守的乔蒂无疑是个沉重的打击。案发当晚，乔蒂又为此事与曼德尔大吵了一场，也就是在此时，曼德尔心脏病发作了。当时，乔蒂头脑一热，认为只要曼德尔死了，自己就不用陷入离婚的窘境，于是她将心脏病药拿在手中，却没有递给曼德尔。

曼德尔死后，乔蒂将他的尸体搬进书房，并伪造了案发现场。她却不知道，在搬动曼德尔尸体的过程中，从他手上滑落的婚戒，为警方指明了第一案发现场的所在地。而事后证明，写那封匿名信的人正是曼德尔的新欢。

结案之后，这起案件的负责人也开始自省，为什么自己没有在第一时间发现这是一起凶杀案。他认为，这起案件看起来太像意外了，一名心脏病病人，一个吃空的药瓶，一切都是那么常见，因此，这种巧合也就迷惑了警方，让他们做出了错误的判断。

在现实生活中，"命运"往往会影响一个人的判断。有一位平凡的中年女性，外表并不怎么吸引人，经验也并不老到，说起话来也不是伶牙利齿的，但她却是一位业绩十分杰出的保险推销员。究竟她有什么过人之处呢？原来她在说服女性顾客投保时，会特别善于强调"命运"。

她会对客户说："我本来不相信命运。前些日子我认识一位太太，后来我在路上连续遇见过她三次，便觉得是上天安排的奇妙缘分，所以劝她加入保险，没想到两个月后，她的先生就意外去世了……人的命运真是难测，所以你一定要买保险。"她这一席话并不假，只不过并不是"前些日子"的事，而是十几年前的一桩巧合罢了。

大部分女性都对命运深信不疑，所以，这位保险推销员干脆投其所好，利用先前经历的"巧合"来劝人投保。

第六章
牢牢占据主导地位

　　强势进攻是勇气，弱势防守是策略，但无论你处于什么样的位置，都要牢牢占据主导地位，否则你就会成为心理操纵术的牺牲品。

各个击破

要想对付整个团体，就必须要各个击破。

在FBI的历史上，破获的团伙犯罪可谓是数不胜数，面对团伙成员，经验老道的FBI探员，最常使用的方法就是分而治之、各个击破。

1999年2月3日，肯塔基州农夫杰克·诺里斯被发现死于自家农场的干草棚内。从现场来看，他是被殴打致死的，干草棚门口摆放着一个锄头，上面沾满血迹，并与死者的伤口吻合，因此警方确信这就是凶器。但让警方疑惑的是，这起凶杀案并不是抢劫，因为死者的钱包还在衣服口袋里，死者家中除了一盒支票簿外，也没有其他物品丢失。随后，一名自称克里奥·坎伯的神秘男子将诺里斯的1100美元存款取走，银行出纳由于支票签名不同，稍后向警方报了案。2月8日，阿拉巴马州又发生一起凶杀案，一位名叫弗罗伦斯的妇女和她的儿子在家中被人掳走，随后被扔在一个采石场边。警方赶到时，她的儿子已经死亡，弗罗伦斯也身受重伤。奇怪的是，弗罗伦斯家中值钱的收藏品都没有丢失，只有儿子的支票簿不见了。

由于两起案件十分相似，警方决定并案处理，并将调查权移交给当地的FBI，由探员保罗·庞培负责此案。很快，庞培就在一家医院中找到了那位自称克里奥·坎伯的神秘男子，他的真名为理查德·多尔曼，当时，他刚刚从组织内斗中捡回了一条性命。庞培从对多尔曼的审问中发现，这个组织已经出现了内乱，这也给他提供了一个可乘之机。在接下来的日子里，他利用组织的内乱，各个击破，将赖瑞·莱恩和比利·莱恩父子分别在两地抓获，并且对组织首领查理·斯图尔特的妻子进行了严密监视。随后，庞培开始进一步分化查理的邻居，经过多次劝说，邻居终于答应与FBI合作，并提供了重要情报，告诉他说查理的妻子买了睡袋，以及一件大号的衣服。机敏的庞培马上想到查理一定就藏身在旁边的林地里。于是，第二天清晨，一场大规模的搜捕开始了，并最终在一个山洞中逮捕了查理。

当你的对手是一个整体时，硬碰硬地与对方拼命显然是个错误。这时，分而治之、各个击破的策略就可以显现其威力了。亨利·方达曾主演过电影《愤怒的十二个男人》，故事是十二个陪审员审判杀人嫌疑犯的过程。在这部电影中，只有一人——亨利·方达主张嫌疑人无罪，并且把其他11人一一说服了。

故事中的11人是赞成少年有罪的，如果从正面应对，反而会增强其抵触情绪，所以亨利·方达举出有力的人证、物证，针对每一位陪审员一一反驳。

他并不说"你们怎么想"，而是说"你怎么想"。在陪审团中，有些人是一开始就决定有罪，有些则是附和他人的"骑墙派"，还有些是沉默者。亨利·方达将这些想法的差距拉开，耐心地予以各个击破，终于使全体陪审团裁决无罪。

在团体组织中，想要提出反对意见，似乎是件很困难的事。组织团体是人的集合，依靠了"组织"，个人心理才能够获得安全感。所以想要对付整个团体，就必须要各个击破，依据每个人个性思想的差异，引发其真正的想法，再让他们发现团体中思想的差异，把此点扩大，搅乱集体的步调。

所以，要扰乱团体的步调，不要说"你们的意见是什么"，而应该说"你的意见是什么"。

找到对手的软肋

要对付棘手的对手时，就应先从他的软肋下手。

1991年，缅因州某监狱发生大规模骚乱，其中一名杀人犯里斯科·奎因趁乱越狱成功，此前，他因一级谋杀罪被判处终生监禁，已经在监狱中服刑22年。

得到消息后的FBI探员马上展开调查。里斯科·奎因自幼父母双亡，没有成家，只有一个名叫丽萨的妹妹住在宾厄姆，而里斯科杀死的那个人，正是他暴虐成性的妹夫。因此，FBI探员马上决定前往宾厄姆，密切监视丽萨的住处。

然而半个月过去了，丽萨的生活起居毫无异样，好像里斯科的越狱对她丝毫没有影响。但丽萨的平静反而引起FBI探员的怀疑。此时，媒体对于越狱的报道已经是铺天盖地，丽萨一定得知了哥哥越狱的信息，对于一直关爱和保护自己的哥哥重获自由，她怎能如此镇定呢？其中一定有些蹊跷。

于是，FBI探员决定深入调查，他们将监视的范围扩大至丽萨的邻居和朋友，同时监听了丽萨的家庭电话。这一做法让案情马上取得了突破，FBI探员发现丽萨每天下班后，都会顺路去一位名叫吉姆的朋友家拜访，此人是她中学时期狂热的追求者。而且，他们两人每晚都会通电话，在电话中经常提到另一个名字——杰克。从电话的内容中，FBI探员认为这个"杰克"很有可能就是在逃的里斯科。

这一信息让FBI探员兴奋不已，他们马上对吉姆进行了监视，发现吉姆每天都会带着饭菜，前往一家汽车旅馆。在对旅馆进行的暗访中，FBI探员进一步得知，吉姆用自己的名义在汽车旅馆订了一个房间，但却从未在此过夜，而是由另一个名叫杰克的人居住。至此，案情已经清楚了，里斯科在越狱后回到家乡，通过妹妹早时的追求者联系到妹妹。而吉姆为了表示对丽萨的爱慕，心甘情愿充当里斯科和丽萨的联系人，并在汽车旅馆开了一个房间，让里斯科居住。

最终，FBI在汽车旅馆进行了一次突然抓捕，一举擒获在逃的杀人犯里斯科·奎因。事后，探员金·科特表示，他们之所以将目标锁定为丽萨，是因为他们知道，丽萨就是里斯科的软肋所在。22年前，他为了妹妹杀人入狱，因此，他出狱后一定会回到妹妹身边，看看她过得好不好，而这就是我们抓住他的最好时机。

前不久，我的一位朋友上了推销员的当，买了一套昂贵的儿童学习教材。当我听了上当的过程之后，便觉得这名推销员的确是技高一筹。

推销员先不说明自己的身分，敲开门便问主人家中小孩子的去向："您的小孩在不在？"他太太以为是补习班老师，便请他进来，而小孩子未曾有大人找他的经历，即使不认识也觉得十分兴奋。然后推销员便对小孩说明学习教材的用法，小孩子具有好奇心，再加上推销员说不少学生都买了，所以他也想买。

"您的小孩对这套教材非常感兴趣，要买一套吗？"这时小孩子便会说："妈，帮我买一套嘛！"天下父母心，都是为了孩子，自然就会满足他的要求，而且推销员一再强调"对学习有益"，平时锱铢必较的太太也就买下了。

这套学习教材买后不久，小孩子就厌倦了。后来朋友向附近邻居打听，才知道他们也都买了教材。

"射人先射马"——这是放诸四海皆准的真理。再棘手的人，也会有其软肋。例如，对方心爱的妻子、女友、儿女就是所谓的软肋。所以要对付棘手的对手时，就应先从他的软肋下手。

出其不意

对付抗拒意识强烈的人，不妨运用让对方料想不到的举动更具奇效，而反抗者的叛逆情绪也会转化成为深刻的反省。

1996年6月27日，威斯康辛州的密尔沃基市发生了一起绑架案，17岁的高中生吉米在一家便利店门口遭人绑架。几个小时后，吉米的家人接到一个陌生男人的电话，声称自己绑架了吉米，并要求3万美元的赎金，如果不付钱，就会虐待吉米，然后把他的尸体邮寄回家，如果叫警察，就会杀死吉米全家。经过一番争论，最终家人还是决定报警，FBI驻密尔沃基分局的探员丹·克拉夫特接手了这起案件。

随后绑匪再次打来电话，说用枪打伤了吉米，并要求吉米的哥哥保罗，开车前往芝加哥的一家快餐店递交赎金。等到探员们赶到快餐店后，发现这里的客流量很大，而绑匪又持有枪支，一旦发生紧急情况，很可能会伤及无辜。所以，当绑匪第三次打来电话时，丹要求保罗想办法说服绑匪，换一个较为安全的地方。幸运的是，绑匪同意了，将地点换成了一个体育场的停车场中，还要求保罗将赎金放到汽车里，然后离开，并将车钥匙留在汽车内，车也不要熄火。FBI探员马上行动，埋伏在停车场周围，准备当场抓获前来拿取赎金的绑匪。

为了更好地实施抓捕，丹决定不按绑匪的要求行事，希望借此打乱绑匪的计划。他将赎金放到汽车内，然后将车门锁上，离开车子。几分钟后，绑匪开着车来到了停车场，透过车窗，FBI探员可以很清楚地看到里面坐着三个绑匪。其中一个绑匪走下车，来到保罗留下的汽车旁，隔着车窗向里面看了一眼，估计是看到了车座上面的赎金。然后他去拉车门，但车门锁上了。这一意外打乱了他的全部计划，他又使劲拉了几下车门，还是没有开。这时，留在车里的另外两名绑匪也走出车子，想看看出了什么事情。FBI探员知道时机到了，马上实施合围，并一举抓获了三名绑匪。

丹毫不费力就从被捕的绑匪那里，得知了扣押吉米的地方，于是马上组织人手实施营救，并解救出了人质。但遗憾的是，吉米由于流血过多和伤口感染，最终死在了医院的手术台上。

当人们制定好了一个计划，并顺利进行时，他的信心就会空前高涨。可一旦出现意外，就很容易自乱阵脚，而这一刹那的犹豫，就是成功实施操纵的绝佳契机。

一名资深的律师对独生女儿管教非常严格。有一次，女儿没有遵守12点以前回家的规定，在第二天清晨才疲惫不堪地回到家里，心急如焚的妈妈不分青红皂白地骂了她一顿，然后对她说："还不赶快向爸爸道歉！"于是，女儿忐忑不安地准备接受父亲的严厉指责，出乎意料的是，她父亲只是瞥了她一眼，然后摇摇头叹了口气就走出去。这个意外举动使得女儿有些不知所措，然后开始深刻反省自己的不是。从此以后，她每天都会自觉地在10点前回到家中。

对于叛逆性强的孩子，仅仅依靠打骂的方式，要让他们反省是很困难的。因为在父母近乎疲劳轰炸的唠叨时，儿女们通常会以极其反感的态度进行反抗，而父母此时只会更加怒火中烧，甚至可能演变成失控的场面。

父母的指责越严厉，子女越会叛逆反抗，双方的亲密关系反而会越加疏远，严重的话，还会造成子女离家出走、父母无力挽回的局面。对付抗拒意识强烈的人，不妨运用让对方料想不到的举动更具奇效，而反抗者的叛逆情绪也会转化成为深刻的反省。

放长线，钓大鱼

正面的反应在偶尔获得回馈的情况下，在回馈停止之后，依然还会有强烈的期待。

2010年轰动一时的美俄互派间谍案尘埃落定，但有一个人却对此事久久不能忘怀。他就是纽约市最高警务策划师保罗·布朗。面对媒体，他讲述了自己与俄国间谍斗智斗勇的详细经过，整个故事虽然并不像电影一样高潮迭起，但如果走错一步，就很可能为此悔恨终生。

事情要从1973年说起，当时年仅24岁的布朗辞去《水镇日报》的记者工作，进入哥伦比亚大学攻读新闻学硕士学位。在这里，他遇到了32岁的俄国人亚历克斯·雅克夫列夫。当时雅克夫列夫负责向东欧播报联合国新闻，因此两个有着记者经历的人一拍即合，成为朋友。

有一天，雅克夫列夫突然要求布朗给他写一篇自由撰稿的文章，内容随意，作为回报，布朗将得到30美元。不久，雅克夫列夫又向布朗询问起了学校的情况，以及住校的外国留学生，并愿意用金钱交换布朗的课堂笔记和外交人员的名字。

布朗没有落入圈套，而是给FBI打了电话。这件事引起了FBI特工的重视，他们认为雅克夫列夫是想招募布朗成为一名间谍，他们甚至认为雅克夫列夫会引入一名迷人的女间谍来引诱布朗。在FBI的授意下，布朗与雅克夫列夫继续保持联系。

一晃35年过去了，布朗成为参议员丹尼尔·莫尼罕的幕僚长。在这个职位上，他可以接触到更多的机密文件，但就当雅克夫列夫庆幸自己的计划成功时，间谍案爆发了，FBI探员迅速逮捕了10名俄罗斯间谍，当然，布朗为他们提供了许多重要信息。

　　布朗说，回想起来，俄罗斯人是想放长线、钓大鱼，但是，他们没有想到，FBI的鱼线比他们的更长。

　　曾经有人做过一个有趣的统计：许多女性对于男性提出的约会请求，大概每三次会答应一次。因为如果每次都很爽快地答应对方，男性说不定很快就会感到厌倦；如果每次都拒绝的话，日子久了对方大概也会感到不耐烦，目光会转向其他女性。三次中得到女性一次正面的回应，便会产生期待感，因而男性便会继续对那位女性投入热情。

　　在现实生活中究竟有多少男人被这种方法欺骗，我们无从得知。实际上，这种方法非常符合心理学上"间歇强化"的原则。这正是所谓的"正面反应在偶尔获得回馈的情况下，在回馈停止之后，依然还会有强烈的期待心理。"

　　有一个实验是这样的：准备一只只要按开关，就会有食物出现的箱子；而另一只箱子偶尔才会出现食物。在两只箱子中分别放进两只饥饿的老鼠。箱中的两只老鼠，在经过一段时间后，都发现了使食物出现的方法，并一直不断地按开关。但是，当食物不再出现之后，到底哪一只箱子的老鼠会继续按开关呢？结果发现，偶尔才出现食物的那只箱子，里面的老鼠会继续按开关。一直会有食物出现的那只箱子里的老鼠，一旦食物不再出来，就立刻停止按开关。

　　在上述例子中，老鼠偶尔收到报酬的"间歇强化"，使其行为持续下去。就像女孩子接受约会的邀请一样，不知各位对于这种方法做何感想？但是如果在教育子女时，能够多运用这个方法，偶尔才给孩子赞美，或许更能收到鼓舞孩子的效果呢。

政策性让步

双方互不让步，可以将小事降低要求或水准，以达到最终的协调。

上个世纪60年代，一位名叫约翰·列侬的年轻人组建了甲壳虫乐队，并迅速风靡整个欧美，成为几代人的偶像。越南战争后，美国人的反战思想越来越强烈，列侬凭借一首《给和平一次机会》，更是征服了无数青年人的心。他利用自己巨大的影响力，不遗余力地宣传反战思想，甚至在1972年，一度被美国政府驱逐出境，并且遭到了埃德加·胡佛掌管的FBI严密的监视。

在他死后，加州大学历史学家乔恩·威纳要求依照《信息自由法》，公开当年FBI对列侬展开调查的全部档案，但遭到政府拒绝，这一结果立刻引起无数人的抗议。迫于压力，FBI于1997年公开了有关列侬的大部分秘密档案，但仍有10份档案被FBI当局以国家安全为由拒绝公开。FBI官员声称，公布这些档案可能会引发外国对美国的"外交、经济和军事报复"。

对于这个结果，乔恩·威纳当然心有不甘，而其他民众也对这10份档案的内容产生了极大的好奇心。在经过长达9年的拉锯战后，FBI终于同意了乔恩的要求，将最后的10份秘密档案公诸于世。但是，这些档案中并没有任何惊人的秘密，只是一些关于列侬上世纪70年代初在伦敦与英国左派政治团体及反战组织交往的细节。

乔恩终于达到了目的，并将这些档案发布在互联网上，但对于FBI当年为什么以国家安全为由拒绝公布这些很平常的档案，仍是一头雾水。他说道，这些档案的内容并未显示出美国政府曾把列侬视为严重的威胁，历届政府一再阻挠这些档案的公布实在令人费解。

其实，就在乔恩一头雾水之时，FBI当局者却在暗自偷笑，因为他们虽然输了一场战斗，却赢下了整个战役！从1981年起，要求FBI公布关于列侬调查档案的呼声越来越高，其中有维权人士，也有甲壳虫的歌迷，更有起哄凑热闹的群众，而每一种类型的人，数量都是多得惊人。到了1997年，FBI认为是时候缓解一下这些压力了，于是公布了一部分档案，但将另一些列为国家机密。这一招相当高明，它成功地唤起了民众的好奇心，将他们的注意力转移到档案内容上来。而原先那些维权话题，在后来长达九年的扯皮中越来越淡，到了2006年最后10份卷宗公布时，关于列侬的调查早已成为人们茶余饭后的闲谈了。

在整个事件中，FBI始终占据着主动，虽然他们总是一步步退让，但从未交出主导权，他们的每一次退让，都是为了获得更好的利益，这就是政治性让步。而可怜的乔恩，则成为了他们操纵与利用的对象。

一家工程公司为了工程进度的问题，内部发生激烈的争执。经理说："年底前一定要建到十楼。"施工队长心想最多只能建到八楼，于是他说："那办不到，十楼几乎不可能，五楼就已经很勉强了！"经理以公司利益为筹码，他坚持说："这是命令！"队长道："我也明白公司的困难，那就赶一赶进度，建到七楼吧！"双方再激烈争论，终于定到八楼。这种"让步手法"在企业界、商场、外交场合都经常被使用。例如在美日贸易自由会议上，日本的战术主要是争取美国承认其自由化，因此只对无关紧要的小细节进行让步，如牛肉、橘子等的进口，使得其他重要货品得以通过协议。

虽然口头上说"我不能再让步了"，但实际上仍是视情况而定，做出合理的让步，从而牢牢握住主导权。在很多会议中，与会者嘴巴上说："我这个不要，那个也不要，但只要……"把要求的重点放在最后。若对方不付钱，则可延长日期，或改变成分期付款，表面上是让步了，但同样也可以达到收钱的目的。

到底谁有主导权

在工作场所中，为了能巧妙命令下属，不让他们感觉是在被迫接受，要实实在在地满足他们自尊心的需要，这是非常重要的。

当20世纪80年代，派特·柯比进入FBI犯罪行为小组时，该部门的特工几乎为清一色的男性，因为他们经常要与关押在各地监狱中的连环杀手进行访谈，所以FBI当局想当然地认为女性不适合这一职位。但是，相比于男性，女性也有着自己的优点。他们可以让那些杀人狂放下戒心，更自如、更无拘束地表达自己，而犯罪行为小组所获得的信息也将更为丰富。正是看到这一点，年轻美貌的派特才能成为专门与连环杀手打交道的访谈专家。

派特永远不会忘记自己访谈的第一个连环杀手，被指控犯有4项谋杀罪，涉嫌杀害44人的"I-5高速公路杀手"兰迪·伍德菲尔德。派特在2010年接受英国《太阳报》专访时回忆道，当时她与兰迪之间只有一张桌子，每次与面前这位连环杀手对视时，都不禁感到不寒而栗。

兰迪非常喜欢"心理游戏"，他会时不时地挑逗派特，这正是女性的优势之一，看起来柔弱，却可以在暗中掌握主导权。经受过严格训练的派特马上控制住自己的慌张，她后来回忆道："许多变态杀手喜欢谈论他们自己，尤其是面对一名女探员的时候，他们非常自恋。通常，我只要跟他们交谈10分钟，就能知道接下来的交流是不是在浪费时间。"派特对连环杀手进行访谈的目的，就是获取更加丰富的信息，以便更深入地了解这些杀人狂，所以她当然希望这些人可以滔滔不绝地说下去。于是便随声附和，每当兰迪将话题扯偏时，她就会说上两句，将话题转回来。兰迪滔滔不绝地讲述着，丝毫没有意识到，在这场谈话中掌握主导权的不是他，而是眼前这位漂亮的女探员。

　　有时候，掌握主导权不一定非要保持强势，如果能主动将主导权隐藏起来，就会遇到更小的反抗，行事也就容易得多了。在世界各国的语言当中，最令人讨厌也是最差的说话方式，就要算是"命令式的口吻"吧！比如上司把下属叫到桌旁说："喂！难道你不服从主管的命令吗"，这句话听着实在刺耳，又如"这是我的命令"或"你只要听命行事就好"等等，像这种"命令式的口吻"，非常容易引发下属的强烈反抗心理。

　　在一个团体中，主管与下属的关系经常是对立的，但如果领导者能以较礼貌的方式来对待下属，彼此之间的关系便会改善，使下属产生被尊重的感觉，从而对领导者更尊敬、信赖。若能以礼貌的方式，即使直接命令下属，也可以使下属欣然接受。

　　曾经在美国田纳西州的州长选举中，有兄弟二人同时出来竞选，哥哥以亲切的微笑战术来寻求选民的支持，而弟弟却对这些竞选招术一概不用，在上台演说时，边摸着口袋边对听众喊道："你们之中有谁可以给我一支香烟？"

　　结果是要香烟的弟弟当选，因为"给"这个字，令选民有好像是站在上方的感觉。这也可以说是使用"给"的动作，使得心理立场发生变化。借着立场的转变，满足了选民的自尊心。在工作场所中，为了能巧妙命令下属，不让他们感觉是在被迫接受，要实实在在地满足他们自尊心的需要，这是非常重要的。

集体压力

如果所有人都指鹿为马，那么你也会接受鹿已经变为马的说法吗？

什么是集体压力，曾经轰动一时的曼森家族杀人案可以给你答案。查理·曼森1934年出生，就像大部分连环杀手一样，他也有一个悲惨的童年。他的母亲是个妓女，而父亲根本不知道是谁，于是母亲就给他使用了自己最喜欢的情人的姓氏。由于母亲经常被关进监狱，所以不得不将曼森托付给阿姨抚养，可是姨夫是一个心理变态，自从曼森出现后，折磨曼森就成为他最大的乐趣。

曼森成年后来到旧金山，在这里他控制了一群精神空虚、彷徨无助的年轻人，他用音乐迷惑他们，用迷幻药控制他们，从而获得了所有人的崇拜。曼森将他们称为"曼森家族"。在这个集体中，曼森成为了一名精神导师，所有人都完全听命于他，愿意为他做任何事情，甚至是杀人。

1969年8月9日，他指使一群暴徒冲进著名导演罗曼·波兰斯基的高级公寓，将波兰斯基的妻子、好莱坞影星莎朗·泰特残忍地勒死，而此时泰特已经怀孕8个月。同时，前来波兰斯基家过周末的四位朋友也无一幸免，都惨死在公寓中。只有波兰斯基由于在欧洲拍摄电影，逃过一劫。8月10日，比利佛山庄的富人里奥和罗斯玛丽夫妇也在家中遇害，尸体上还被人写下了种族主义的血字。

一开始，警方并没有将两起凶杀案联系到一起，但偶然间，一位名叫阿特金斯的女囚在狱中与人吹嘘时，说自己参加了第一起谋杀案，并说出了查理·曼森的名字，一个疯狂的大魔头，此时才逐渐浮出水面。1965年12月1日，经过近9000个小时的工作，执法人员终于将"曼森家族"的重要人物全部抓捕归案。

但事情还远远没有结束，对曼森的审判共持续了9个半月，是美国历史上花钱最多的诉讼案，这一纪录直到90年代的辛普森案才被打破。几乎每次庭审，都会有大批曼森的信徒到法院前示威，他们在集体中完全迷失了自我。可以说，曼森凭借集体压力，让这些年轻人成为了其欲望的牺牲品。为了权力与金钱，他可以随意操控这些信徒，即使在他入狱后，这些人对他的崇拜仍然没有丝毫减弱。这就是集体压力的惊人威力。

在日常生活中，我们运用集体压力操纵对手，当然不会像曼森一样激进、暴力，但柔和的集体压力仍然具有不小的威力。有一个心理学家曾经找了20位高中生做实验。实验相当简单，只是拿两条一样长的线并排给学生看，然后让他们回答哪一条线比较长。但是在这20人中，被实验者仅占二分之一，其他10人是诱导者，事先被告之实验时要说"右边的线比较长"。

当前面的10个学生都说"右边长"后，从第11人起，也就是真正的被实验者的10人中，有8人都说是右边长，可见他们受到前面诱导者的影响。

这个实验强调的就是集体压力，压力会让原本的判断发生扭曲。在实验中，被实验者会觉得两条一样长，但由于自身判断和团体判断有出入，心里便会觉得不安，结果最后顺从团体的判断，以消除心中的不安。

如果所有人都指鹿为马，那么你也会接受鹿已经变为马的说法，这是一般人的心理倾向，因为集体的力量会搅乱个人的判断力，使鹿变成了马。此时，即使有人主张是鹿也于事无补，除非这个人具有足够的勇气反抗团体的力量，并且具备坚定的自我意识，对自己的判断力充满了信心。

有一则漫画画到，办公室的全体职员联合起来，把办公室的大钟拨快了一小时，然后对处长说："现在已经6点了，该下班了！"处长看了自己手表后说："不对，才5点啊！"但全体职员都异口同声地说是6点，结果处长便笑着说："看来我手表该送去修理了！"于是全体职员比平常早一小时下班。

由这个漫画中可以看出，集体的力量具有多么大的魔力！凡是经历过战争劫难的人都会说"战争是不人道的"，但现在仍有不少人拿起枪杆，奔赴战场厮杀。

只提供自己可以接受的条件

省略第一层次的选择，直接进入第二层次，这便是高明的做法。

韦恩作为FBI的审问专家，与许多罪犯打过交道，其中不乏精明者，但最终，韦恩都可以从他们那里问出实情，将罪犯绳之于法。

最让韦恩难忘的罪犯，就是阿莱克斯·彭斯，1987年，他涉嫌谋杀妓女芭芭拉被FBI探员逮捕，韦恩负责对他进行审讯。阿莱克斯绝对是硬骨头，虽然他没有通过测谎仪，但却抵抗住了韦恩多轮的疲劳轰炸，在长时间强光照射、剥夺睡眠后，仍然咬紧牙关，不承认自己与凶杀案有关。

但韦恩绝不是轻易放弃的人，凭借直觉，他知道这个人就是凶手，但测谎仪的结果并不能被当做直接证据，应该怎样让他招供呢？韦恩想到了一个好办法。

这一天，韦恩再次来到审讯室，坐在桌子另一边的阿莱克斯满脸疲惫，仿佛已经精疲力尽。韦恩问道："你为什么要杀死她？""我没有杀人。""你认识死者吗？""不认识。""你仔细看看，真的不认识吗？""……""案发时你在干什么？""一个人在家睡觉。""有人能够证明吗？""没有。"……一个问题接着一个问题，在阿莱克斯看来，一切都好像是前几天审讯过程的重演，他也逐一回答着问题，认为韦恩不会再有什么办法了。

韦恩看到阿莱克斯越来越放松，知道时机到了。他又问了几个不疼不痒的问题，然后突然问道："芭芭拉和你说起过她的女儿吗？""是的。"狡猾的凶手终于露出马脚了。其实韦恩提出的这个问题，关键并不在于问题本身，阿莱克斯回答是或否，对他来说都可以接受，因为无论哪个回答，其前提都必须是阿莱克斯与芭芭拉说过话，而此前，阿莱克斯正是极力否认自己认识被害者。一个小小的技巧，让韦恩在与罪犯的交手中，又一次胜出。

有一位太太非常擅于作媒，她自信地说："对婚姻没有信心的男女，我有百分之百的把握让他们恢复自信。"她透露了其中的秘诀，就是当遇到对婚姻犹豫不决的人，就直接问他："你觉得相亲结婚和恋爱结婚，哪一种比较好？"而不去问他迟迟不结婚的理由。这样的话，对方一定会在两个答案中挑选其一，那就等于成功了一半，而且可依他所挑选的那种方式进行撮合。

要知道，如果问他们迟迟未婚的理由是很不明智的，因为结婚对他们而言，实在毫无头绪，可以选择的范围太大了，就会让人不知如何取舍。所以不如干脆单刀直入地问具体方式——恋爱或是相亲。如此一来，先替对方回避了有关单身的恼人问题，进而让他们直接决定相亲或恋爱的方式。这种方法也可运用在其他方面，例如，对于因"是不是要储蓄"而犹豫不决的人，银行职员会直接问他："选择定期存款还是活期存款？"这样往往会收到实效。

有一对夫妇在餐厅用餐，当他们用餐即将完毕时，服务生算准了时机，走近餐桌，对这对夫妻说："饭后的甜点需要蛋糕还是冰淇淋？"当甜点送上来时，这对夫妇才突然想到他们已经吃得很饱了，根本吃不下任何甜点。

对这对夫妻而言，本来可以回答"我们不需要甜点"的，但一时间没有反应过来，没想到"不要"这两个字。

当时，如果这对夫妻被问道"需要甜点吗"，说不定会在考虑之后回答"不要"。按照常理，"蛋糕或冰淇淋"的选择，原本应该放在"要不要甜点"之后，可是第一层次的选择已被省略，直接进入第二层次，这便是服务生高明的地方。

间接操纵

利用对方所关心的人或事，对对方实现操纵。

2011年7月7日，FBI在其官方网站上公布，将一批历史文物归还伊拉克政府，这批文物是FBI探员在一次国外行动中被收缴的，其中包括两件陶盘、四件花瓶、一个油灯、三个小型雕塑，以及七块赤陶浮雕板，这些文物分属旧巴比伦时期、新亚述时期和新巴比伦时期，有着4000年至2500年的历史。

当时，FBI探员得知伊拉克巴比伦地区的多名承包商正在非法收集文物，并将它们作为礼物贿赂其他承包商，或者直接卖给他们，再由后者走私至美国。于是，FBI当局实施了一次突然抓捕，将这些非法承包商抓捕归案。FBI探员罗恩·霍斯科说道："无论这些非法倒卖文物的行为发生在何地，我们都会不遗余力地给予打击。"同时，霍斯科在归还这批文物时还表示，"这些艺术品都是无价之宝，我们很高兴将它们归还给合法的拥有者。"

对于重建中的伊拉克政府，这批文物的回归绝对可以让他们赢得很高的口碑，由于两次对伊战争而形象大损的美国，也将获得伊拉克人民不少的好评。所以，这绝对是一个双赢的结果。伊拉克驻美大使苏迈达代表伊拉克政府和人民，向美国政府及FBI表示了诚挚的感谢，他说道："我们非常感激美国人民对重建我们的国家和文化所作出的努力。"

其实，FBI的这一行为就是心理学上所说的"间接操纵"，即利用对方所关心的人或事，对对方实现操纵。在这次行动中，FBI就充分利用了伊拉克人民关心、重视自己的历史文物这一心理，极大地提升了美国在他们心目中的形象。

我有一位当老板的好朋友，每到年底时，都会收到堆积如山的礼品。但是由于太多，而且礼物的种类也很繁杂，因此只会留下合意的礼物，其余都送给别人，但是，前年他却收到了一份特别的礼物——"芭比娃娃"，而礼物的收件人是这位老板的独生女儿。像这样，不把礼物送给老板而送给他的女儿，的确令人深感其细心与诚意。

我们从这个例子中可以发现，一般人对与自己有直接利害关系的人赠送的礼物，往往会觉得理所当然，甚至会产生警戒心理。但是，如果对我们的家人表示关切之意，则比自己被厚待更加感动，这就是所谓的间接操纵，让收礼的那一方感觉到对他家人的真切关怀，从而深深感到送礼者的诚意，这不能不算是一种高明的手段。

公司在招待客户的同时，最好能邀请客户的家属。因为如果只招待客户的话，可能会让人觉得这是一种生意上的关系，但由于家属的加入，便成了类似朋友间的聚会。更进一步说，就是从交际变成了友情的沟通。而且很少有机会参加聚会的太太们，将会对公司的周到十分感激，她们的这种情绪，相信也会传达给先生，这也将有利于公司业务的持续发展。

利用谣言

"他乐于助人"——"他对女性特别照顾"——"他喜欢追女孩子"——"他非常好色"——"他玩弄过不少女人"。

谣言可以用来做什么？FBI第六任局长埃德加·胡佛可以告诉你，谣言就是你与被操纵的木偶人之间，那条看不见却真实存在的线。

琼·西伯格曾是美国著名影星，他18岁时就从18000名竞争者中脱颖而出，出演了电影《圣女贞德》，1958年和1960年，又分别出演了《你好，忧愁》和《筋疲力尽》，后者更是让她一夜之间大红大紫。此后，西伯格片约不断，迅速成为美国的一线影星。

但是，交友不慎的西伯格却为自己的悲惨结局埋下了隐患。当时，由于她与黑豹党，一个宣扬黑人人权的组织有交往，被FBI局长胡佛盯上，为了达到杀一儆百的目的，胡佛对她实施了严密的监视和窃听。

1970年4月，当FBI得知西伯格怀孕时，立刻策划了一个肮脏的阴谋，制造出西伯格与黑豹党首领有染以致怀孕的谣言。当时，美国的《洛杉矶时报》和《新闻周刊》接连转载了这条谣言，并轰动了整个美国。而西伯格则感受到了前所未有的压力。

后来，西伯格再也无法承受这些谣言所带来的压力，到医院进行剖腹产手术，而此时她仅仅怀孕7个月。在手术室，西伯格产下了一名白人女婴，这让她与黑人领袖通奸的谣言不攻自破，但女婴由于早产，最终死在了医院。西伯格将女儿的尸体带回家乡，并举办了隆重的葬礼，就是为了让所有人看到她的女儿是白人。

西伯格为此产生了严重的精神分裂症，并多次试图自杀。1979年，悲剧终于发生了，她由于服用过量的巴比妥酸盐，死在了巴黎郊区一辆汽车的后座上。同年9月，200多人聚集在巴黎郊外的蒙特巴拉斯墓地，为这位女星举办了葬礼。而FBI当局，也终于达成了自己的目的。

一家信誉卓越的股票上市公司，因为经营状况良好，业绩稳步上升，一直被众多投资人视为"黑马"。不料，由于公司员工的一个小失误，被别有用心的人谣传"该公司领导被抓"、"财务状况有问题"、"一个月内会倒闭"……使得该公司股价大幅下跌，几乎濒临崩溃的边缘。后来经营者及银行出面澄清此事，股票虽然止跌，却再也无法达到以前的高度，令该公司元气大伤，由此可知谣言的可怕。

无独有偶，一位娱乐圈的记者，报导了一对知名影视演员夫妻之间的私事，这对夫妻婚姻生活原本十分美满，却因为饲养宠物的芝麻小事、被影视周刊渲染成了夫妻失和，甚至已经分居的不实报导，最后竟然真的导致他们走上离婚的道路。

恶意散布谣言陷害他人的行径，是非常可耻的；但大多数人却会在无意间成为传播谣言的工具。例如："他乐于助人"——"他对女性特别照顾"——"他喜欢追女孩子"——"他非常好色"——"他玩弄过不少女人"，事情从头到尾的发展，是不是连你都会大吃一惊呢？

这种传达小道消息的方式，在说服别人时能够发挥很大的威力。你可以故意说"是别人告诉我的"，借以传达给第三者，"我听到这件事，不晓得是真是假"。当然，第三者要愿意替你间接说服对方才行，因为由我们本身直接传话，人们通常会心存疑虑，但如果是通过毫无利害关系的第三者来传话，就很容易让对方欣然接受。

古人说："谣言止于智者。"但是在现今社会中，智者似乎更会利用"谣言"呢！

第七章
不可忽视的谈话技巧

说话是艺术，单纯的真话和假话都很容易被人看透，但真真假假、互相掺杂，就很难让人看清楚。

真真假假

单纯的真话和假话都很容易被人看透，但真真假假、相互掺杂，就很难让人看清了。

宇宙中真的有外星人吗？他们长什么样子？他们会来到地球吗？对于这些问题，没有人能说得清楚，也正因如此，才有无数人为它们着迷，希望解开这个古老的谜题。

2011年初，FBI公布了数千件历史档案，其中有一个档案格外引人关注，那就是"罗斯威尔事件"。

事情发生在1947年7月5日夜晚，新墨西哥州罗斯威尔市的一名农场主，听到自家农场上空发生了剧烈爆炸。第二天，他发现许多特殊的金属碎片散落在农场中，这些金属类型他从没有看到过，于是将其交给了警方。8日，美国军方在爆炸现场附近发现了炸毁的碟状飞行器和几个长相怪异的类人生物尸体。

负责搜查的空军调查员说道，当时共发现了3个飞行器，均成圆形，中间凸起，直径约为50英尺。每个飞行器中都有3个尸体，这些尸体与人类相似，但却仅有3英尺高，都身穿质地精细、贴身的金属衣。据调查，这次爆炸应该是由罗斯威尔附近设置的高能雷达导致的，但这仅仅是推测而已。

时任FBI华盛顿办事处探员的古伊·霍特尔，对这一事件进行了详细记录，并作为FBI的最高机密被保留下来。

到现在为止，也没有人知道事件的真假，这正是让人着迷的地方。如果说是真的，那为什么人们只看到了UFO和外星人的模糊影像，却从未亲眼目睹呢？如果说是假的，那么"罗斯威尔事件"以及其他类似事件中，出现真实人物、真实地点又应作何解释呢？单纯的真话和假话都很容易被人看透，但真真假假、相互掺杂，就很难让人看清了。

世上的骗子都有一个共同点，就是他们绝不会从头到尾只说假话，而是会在其中的某一点加入一点点真实。也就是说，其中有90%都是谎言，只有10%是可信的，而且以这10%为整个手段的重点，诱导对方相信，例如："正如您所看到的，虽然我的身材比较矮小，但是胆量却与身材正好相反，我一直做着相当大胆的事，而且都很成功！譬如去年的股票市场……"

身材矮小就是整个手段的重点，骗子首先揭示一部分真实，来确立整个故事的可信度。而一旦对方相信了这个圈套，就会对后来有关在股票市场中大捞一笔的谎言深信不疑了，进而把多年辛苦的积蓄拿给这位骗子进行投资，最后上当受骗，人财两空。所以，所谓的大骗子，就是在谈话中善于加入某种程度真话的人罢了！

在研究人类思维的过程中，我们可以发现，不管是在有意识或是无意识的状态下，人们经常会有"以某部份的信息为核心，来形成整体印象"的思维方式，我们称之为"以偏概全"的思维模式。也就是说，以所获得的信息做为参考的基础，进而对主题加以推理、预测的一种思维模式。尤其是想像力丰富的人，这种思维模式的可能性就越高，他会很容易把一小部分的事实误认为是整个事实真相的全部。教师或是知识程度较高的人，他们格外容易地被这种简单的手法所欺骗，这是因为他们比较容易采取这种思维模式的缘故。

说话要留有余地

先让别人做最坏的打算，之后不管你如何去做，都会比别人预期的还要好。

1933年7月22日晚，俄克拉荷马州的州政府所在地俄克拉荷马城，石油富翁查尔斯·厄尔奇尔夫妇正在与好友贾勒特夫妇打桥牌，突然两个持枪的匪徒冲了进来，其中一人高声问道，"谁是厄尔奇尔？"看到没有人回答，匪徒便将在场的两位男士——厄尔奇尔和贾勒特全部带走了。接到厄尔奇尔夫人的报警，FBI探员立刻赶到现场。一个半小时之后，贾勒特回来了，据他说，绑匪发现了他的身份证，知道他不是厄尔奇尔，就将他释放了。

此时的厄尔奇尔夫人早已慌了手脚，她在房间里不停地踱步，并不断询问FBI探员，有没有她丈夫的消息。在20世纪30年代，绑架是黑帮成员最常用的手段之一，即使不是黑帮，也经常会有人试图利用绑架索取赎金。一般来说，只要收到赎金，绑匪就都会按照约定释放人质。当然也有特殊情况，如哈森案中，绑匪就在拿到赎金后立刻杀死了人质，然后远走高飞。因此，FBI探员希望厄尔奇尔夫人能够有充足的心理准备，于是，一位探员对她说："夫人，我们已经把掌握的信息都告诉您了。在这种情况下，您应该做最坏的准备，不过，只要还有希望，我们就会尽最大的努力，争取早日救出您的丈夫。"

"尽最大的努力"是一句很有意思的话，它包含了两个意思，即"我们尽力了，终于成功……"和"我们尽力了，但很遗憾……"。因此，这句话的意思是非常模糊的，但是，它却可以明确传达出另一个意思，就是告诉当事人，局势有可能会向坏的方向发展，因此要做好心理准备。厄尔奇尔夫人当然想过绑匪可能会杀死自己的丈夫，但只有从第三者口中说出，她才能确定丈夫可能真的回不来了。做好最坏的准备后，厄尔奇尔夫人反而平静了许多。

幸运的是，在交出20万美元的赎金后，绑匪释放了人质。厄尔奇尔回到家中，向FBI探员提到，自己在被关押的地方，每天9:45和17:45都会听到飞机飞过，只是在7月30日没有听到。FBI探员马上与航空公司的飞行时刻表进行比对，最终在帕拉代斯的一间农舍中抓获了绑匪，农舍内布满了厄尔奇尔的指纹，可谓是铁证如山。

如果说你与别人有个约定，但时间已经来不及的时候，你该怎么打电话跟对方说呢？不同的方法给对方造成的心理影响也有所不同。如果说要耽误10分钟才到，那么跟对方说会迟到5分钟还是20分，哪种说法比较好呢？

如果说只迟到5分钟，当时对方会觉得"不过5分钟而已"，情绪当时会有些缓和，但实际情况又比约定时间慢了5分钟，从而让人产生了两次受骗的坏印象，更令对方焦躁不安。如果换做另一种方式，对对方说会迟到20分钟，当时对方觉得"还要20分钟"，心里不快，但由于实际上比约定早到了10分钟，认为你做了"缩短10分钟"的努力，便会忘了之前10分钟的迟到。

像这样的方法，我们经常可以看到，比如，医生会对住院患者的家属说："情况已经非常危险。"先让他们做最坏的打算，然后接着说："但是我们会尽力抢救的。"让对方有所期待。如果医生从一开始便这样说，要是治疗成功，患者和家属都会非常感谢医生所做的努力，要是没能成功，家属也会觉得"医生早说过情况危险，果然还是不行"。所以，无论发生哪一种情况，医生都不会受到责难。

为人处世，人性不可不察啊。

让对方感到你的关心

许多善于笼络人心的人，经常能把原本并无关系的事，变成自己的份内之事。

凯文·米特尼克被称为"世界头号电脑黑客"，早在20世纪70年代，上小学的凯文就能够用电脑入侵其他学校的网络，并因此被勒令退学。15岁时，凯文又出惊人之举，他入侵了防守严密的美国空军计算机系统，翻阅了当时美国指向苏联及其盟友的所有核弹头，这让整个美国政府震惊不已。随后，凯文又攻破了FBI电脑系统的防火墙，发现自己正在被FBI调查，但他却对此嗤之以鼻。然而，一次小意外却让他被捕，当时，凯文一位黑客伙伴的女朋友向警方报了案，FBI才第一次得知了这名电脑天才的真实身份。凯文也就此成为了第一位因网络犯罪被逮捕的人。

获释后的凯文更加肆无忌惮，不断实施网络攻击，让FBI的探员们头疼不已。但FBI从第一次的抓捕中尝到了甜头，决定再次利用凯文身边的人，对他进行诱捕。这一次他们选中了凯文最好的朋友，为了让他与警方合作，FBI探员对其进行了劝说。他们说道："我们的目的不是为了惩罚凯文，而是为了帮助他。黑客就像吸毒，如果不及时制止，只会越陷越深。我们都是关心他的，不能再让他如此发展下去了，否则他会闯出更大的祸。"最终，他们成功说服了凯文的朋友，并设下圈套，诱捕凯文。

劝说是一门艺术，不能靠简单的命令来完成，只有让对方感到你的关心，才会听从你的劝告。FBI探员深谙此道，并且成功劝说了凯文的朋友。凯文也确实中了圈套，但正当FBI准备实施抓捕时，凯文却失踪了。最终FBI请来了日裔电脑安全专家下村勉，于1995年在北卡罗来纳州的一个小镇上将其逮捕。

　　凯文入狱后，FBI探员也没有让其放任自流，而是时刻关心着他，最终成功将其感化。如今，凯文在全世界多个地方进行演讲，为各个公司提供防范黑客的建议。

　　许多善于笼络人心的人，经常能把原本并无关系的事，变成自己的份内之事。例如，对于只有一面之缘的人亲切地叫他的名字，"某某先生，好久不见，近来还好吗？"其实他连这个人的姓名、面孔都记不起，只是在见面前悄悄询问秘书或旁人，但他还是做出一副非常关心的样子。如果知道是某个人的儿子，便上前与他握手、寒暄，更不会忘了询问其父的情况，"令尊最近如何？"就因为这种小小的留心与举止，而给对方留下了深刻的印象。

　　称呼他人的名字并且问候其家人，通常是关系非常亲近的人才会用的，如果有人被这样问候，都不禁会认为"这个人竟是如此关心我"。被别人亲切地称呼名字、拍肩，自然会容易成为那个人的朋友，当那个人登门请求帮助时，自己也一定会全力为他奔走。

　　如果喜欢上某个女孩，同样的心理运用也具有相同的效果。即使只见过几次面的女性，若可以从她不经意说出的话中找出她的喜好及个人习惯，在下次见面时，试着在对话中加上一句："你养的那只叫麦可的狗，最近好不好？"或许只要这一句，对方便会兴奋地觉得："他好关心我啊！"

　　当我们看一张集体照时，每个人都会最先看到自己的影像，然后再浏览照片中的其他人。如果照片中自己拍得不好，便会说"这张照片拍得不好"，这种经历应该许多人都会有。从这些事中可以看出，如果你想要在工作上、人际关系上获得别人的重视，使对方产生亲切感，那么事先就要记得一些关于他生活上的琐事，看机会说出即可。仅凭这点，就可让自己走进别人的世界里了！

如果我是你

当你说出"如果我是你"之后，听到这句话的人便会觉得"这个人完全站在我的立场，为我着想"。

"如果我是凶手，会怎么做呢？"这是FBI犯罪行为专家经常提到的一个问题。为了抓捕那些连环杀手，他们首先就要了解连环杀手，洞悉他们的心理，掌握他们的行为模式。这是每一名犯罪行为小组成员的必修课。

为了了解连环杀手，犯罪行为专家们经常会进行换位思考，把自己想象成凶手，站在凶手的立场观察和思考，然后做出自己的推断。这就是所谓的犯罪侧写。

2011年4月，英国《每日邮报》爆出猛料，声称FBI在上个世纪80年代就曾针对"开膛手杰克"展开过调查，试图解开这位英国19世纪最为臭名昭著的连环杀手的身世之谜。而在FBI的档案中，也可以找到著名犯罪侧写员约翰·道格拉斯在1988年写过的一份案情分析。他在仔细研究了相关档案后，将自己想象成杀人凶手，仔细分析，然后写下了一份长达7页的记录。记录写到，"开膛手杰克"是一位低调、着装得体、安静的男子，他在言语表达上可能有问题，脸部有伤疤。他会在当地酒吧喝酒，酒后会变得放松，更加容易与其他人交流。这种杀手一般不会结婚，如果他过去结过婚，妻子应该比他年龄大，婚姻时间不会持续很长。他来自一个母亲占强势地位，父亲软弱、处于弱势地位的家庭。他母亲很可能酗酒，喜欢与许多男人交往，他因此未能得到持续的照顾，无法与稳定的成年人行为榜样建立起联系。

同时，约翰还试图重建"开膛手杰克"残杀妓女时的心理，他认为凶手通过实施暴力来发泄自己的绝望情绪，他割断所有受害者的喉咙，并取出其中一些人的内脏和子宫，这些受害者都嗜酒，因此很可能是在酒吧遇到凶手的。而且，依照凶手的性格，他不会去主动联系那些妓女，而是她们主动过来打招呼。

约翰还否认了"开膛手杰克"自杀身亡的推断，他认为凶手停止杀人，很可能是受到警察的盘问，在盘问中，他不会发抖或者难过，因为他觉得杀人是正当的，他只是在清除腐烂的东西，那些妓女就是垃圾。

虽然约翰对"开膛手杰克"做出了详尽的侧写，但由于相关记录太少，所以未能最终揭开凶手的真实身份。但这种换位思考的方法，却成为如今犯罪行为专家进行犯罪侧写的通用模式。

对企业的主管人员而言，人事调动真是一件让人头痛的事。即使考虑得再周全，安排得再恰当，在被调动的职员当中，仍然会有不少人对于新的人事安排感到不满，他们会觉得自己被贬职，或是不被重用。为了让职员心甘情愿地接受公司的安排，他们必须用各种手段来说服属下，这种情况往往搞得主管人员精疲力尽。

但有一位主管，却用换位思考的方法，成功解决了这一难题。首先，他把职员一个个叫来，心平气和地和他们交谈，让他们尽情说出心中想说的话，等到对方说得差不多时，才适时说出"我非常了解你的处境和心情"，单凭这一句话，便让许多人松了一口气。之后，主管再补上这样一句话："如果我是你的话，我会比较喜欢待在小公司。既不会有复杂的人际关系，又可以尽情发挥才能，而且被肯定的机会也比较多。事实上，许多人正是因为在分公司的表现而得到升迁的机会的。"

在这个例子中，主管并非强迫对方接受自己的说辞，而是要让属下感觉到我是站在他的立场提出建议，这就是秘诀。

模棱两可的说话术

人的心理就是这样，一听到模棱两可的提示，就拼命想要找出与提示有关联的事。

2006年7月6日，FBI宣布破获了一起针对美国的恐怖袭击计划。当时，FBI在监测因特网聊天时，意外发现一群自诩为"圣战战士"的恐怖分子，正在讨论一个代号为"孤独之狼"的恐怖袭击，他们希望用汽车炸弹炸毁纽约市地下交通的命脉——荷兰隧道，并引发哈德孙河水泛滥，淹没下曼哈顿的金融区。FBI探员马上采取行动，在黎巴嫩逮捕了其中一名恐怖分子，同时对其同伙也进行了全球通缉。

这一事件再次向FBI高层证明，互联网监管的重要性。而在2000年以前，FBI甚至从未涉足互联网相关交易，但在2000年春天，当日本电信公司出价55亿美元收购美国VRIO电信公司时，FBI却站了出来，监听专家艾伦·迈克唐纳声称，只有日方同意严格按照美国国家安全保护条例行事，才能同意收购，否则，FBI将启用否决权。

虽然美国联邦通讯委员会对这次收购没有做出表态，但面对日本电信公司的质疑，FBI找到了一条模棱两可的联邦法律。根据1988年制定的一项主要针对美国国防企业销售的法律，美国总统可以禁止任何"可能影响美国国家安全"的外国企业并购。FBI引述该法律，坚持认为该公司应该遵守这项法律规定。

FBI所引用的法律条款最大的奥秘，就在于"可能"两个字。这是一个模棱两可的词语，它的含义非常广泛。即使没有危害到国家安全，但一个"可能"也足以禁止任何一项并购。这就是模棱两可的好处，它为说话方争取到了更大的发挥空间，以及更广泛的回旋余地。而另一方可选择的余地就非常小了，在这一案例中，日本电信公司根本没有其他的选择，只能同意FBI的强制决定。

FBI与日本电信公司的谈判进行了3个月，期间，FBI要求占有该公司53%股权的日本政府不能在VRIO的日常经营中充当任何角色，而日本电信公司也受到了FBI的若干限制。对于这些提案，日本电信公司根本没有其他选择，只能同意。

模棱两可的说话术，应该在我们的日常生活中扮演重要的角色，但遗憾的是，只有很少的人，才能熟练掌握这个技巧。

算命先生会问："最近工作不顺利？"若是事实如此，客人便会大叹"真准"。即使没这回事，算命的也会很巧妙地说道："没有吗？那真是太好了。"也不会造成客人的不信任感。这个问题，乍看是断定工作不顺，但按照对方回答的不同，却产生了截然不同的两个意思，这便是一种模棱两可的回答方式。

诸如此类的方法，算命先生用了很多，才让客人认为真的算得很准。例如，他会说"您跟水有缘"，看起来好像单指"水"这一件事，但其实却是相当模糊的说法。姓江姓沈和水有关系，自来水公司、船员等也跟水有缘，同样也可以联想到自己住处附近的河流或是湖泊等等。

人的心理就是这样，一听到模棱两可的提示，就拼命想要找出与提示有关联的事。如果人家说你"跟水有缘"，你也许可能想起："是啊，没错，我小时候有一次差点在河里淹死。"于是，会从以往的生活经历中，找出和水有关的点点滴滴，把模棱两可的说法当成确实的结论。

由此可以看出，算命的伎俩就是在于如何巧妙运用"模棱两可"的说话术。巧妙运用模棱两可的话会对人的心理产生的影响，甚至可以打动对方不成熟的心———一流的企业家通常都擅于利用这种手法来抓住下属的心。譬如他在走廊或电梯与下属相遇时，会上前拍拍他的肩膀说："辛苦了！"其实，"辛苦"这句话相当模棱两可，到底因什么而辛苦呢？他一时之间也想不出来。但就是这一句话，便会让下属觉得他非常关心自己，因此会更加努力地工作。

保持灵活机动

两者之间距离的远近，和说服的效果有相当的关系。

到底什么才是最好的审讯方法呢？FBI审讯专家会告诉你，没有最好的审讯方法，只有最适用的审讯方法，因为审讯的对象是各不相同的。针对不同的对象，只有采取不同的审讯方法，才能取得最好的效果，因此，这就要求审讯人员必须具备随机应变的能力。

对于基地组织三号人物哈立德·默罕默德的审讯，从一开始就被定下"精神折磨"的基调，而对于前伊拉克总统萨达姆·侯赛因，FBI的审讯人员则采取了一种完全不同的审讯方法。

负责审讯萨达姆的是FBI审讯专家乔治·皮罗，他能够流利地使用阿拉伯语，在对萨达姆长达7个月的审讯中，他并没有采取各种激进的方法，相反，他使用的是一种"和声细语"的温柔审讯，并最终成功诱使萨达姆招供。

在审讯中，皮罗并没有表现出高人一头的姿态，而是尽量和萨达姆成为朋友，他会与他一起抽雪茄，品美酒。尽管一开始，他遭受了萨达姆的抵制，但很快，他就凭借一些小细节的处理得当，赢得了萨达姆对他的信任。

比如，皮罗知道萨达姆有洁癖，因此特意为他准备了充足的纸巾，让他可以用来擦手和擦拭苹果。还有，他会和萨达姆一起谈论生活，有一次，萨达姆甚至在皮罗的笔记本上，写下了自己创作的一首情诗。正是这些小细节，让皮罗顺利赢得了萨达姆的信任，而审讯过程也因此变得极为顺利。

美国在推翻萨达姆政权时，将拥有大规模杀伤性武器作为重要借口。

但在战争结束后，却没有找到任何一种这样的武器。萨达姆对此解释道，他确实声称自己拥有这种武器，但那只是威胁伊朗的借口，自己根本没有那些武器。但对于美国政府对他的另一项指控，即残杀库尔德人，萨达姆则爽快地承认了。

根据这次审讯的经历，皮罗在2007年11月13日出版了回忆录《恐怖主义者观察》，其中对审讯过程进行了详细的描述。

从FBI对于哈立德和萨达姆的审讯中，不难看出他们高度的灵活性，在第一时间看到对手的弱点，洞悉其心理，是进行操纵的必要环节。而这一环节的关键就在于，要根据不同的情况，制定不同的策略。

某公司的一位主管最害怕的就是总经理，每当他有事到总经理办公室时，总是选择门边的座位，借以保持与总经理之间的距离，而后再说明来意。这时候，总经理会说："你坐在那里不嫌太远吗？"但这位主管心里明白，若是就此坐到总经理旁边的座位，反而会导致反效果。换言之，他成功说服的秘诀就是拒绝对方的好意，自始至终与对方保持应有的距离。

心理学的研究发现，两者之间距离的远近，和说服的效果有相当的关系。一般人都认为适当的距离是最具说服效果的，当两者距离太近时，对方会有一种受到侵犯的感觉，而采取防御心理。反之，若距离太远的话，则很难使两者之间产生一种亲密感。

然而，对于说服的距离，并没有一个绝对的答案，这种方法必须灵活掌握、因人而异。有的人注意力容易分散，所以说服是距离要近一些，给对方一些紧张感，让他时刻保持注意力集中；而对于那些自我意识较强的人，则应该保持较远的距离，以免让对方感到领地受到侵犯，从而产生抵制心理。总之，使用说服法应该视具体情况而定，一定要灵活掌握，只有这样，才能发挥出最好的效果。

拒绝的艺术

如果拒绝的对象是重要的客户或上司，那我们就必须在不伤害对方的前提下，将话说得尽量符合对方的心理需求。

美国前总统尼克松与FBI注定会结下不解之缘，上个世纪40年代末，他由于参与调查"希斯间谍案"而名声鹊起，被称为FBI的同盟者和"天生的特工"；1974年，作为总统的他又因"水门事件"被FBI调查，狼狈下台。但是，很少有人知道，年轻时的尼克松曾经报名应征FBI探员的职位。

1937年4月23日，即将从北卡罗来纳州杜克大学毕业的尼克松，报考了FBI。6月17日，FBI探员汉森在尼克松的家乡，考察了当时年仅24岁的尼克松。根据汉森的口述和相关资料，尼克松的表现非常出色，他的笔试得了60分，面试63分，相当于良好的程度。对于他身边人的采访，也显示他会成为一名出色的FBI探员。但是，尼克松却没有等到FBI的录取通知，而他也最终成为了一名律师。

1969年4月16日，已经成为总统的尼克松在FBI特工学院第83届毕业典礼上发表讲话时，提起了自己"有过一段不成功的应征FBI探员的历史"，而且"一直没有得到回复"。并且表示自己在担任副总统时，曾向胡佛询问过被拒绝的原因，而胡佛的回答是，会查一下FBI的档案记录。

从胡佛的回答中，不难看出他的聪明才智，他当然不会告诉副总统应征失败的真实原因，但他也没有直接拒绝回答，而是说回去查一下。这个回答既让当时还是副总统的尼克松不会太难为情，也为自己赢得了时间，好好思考一下应该如何作答。而在后来，胡佛告诉肯尼迪，其实他当时已经被录用了，只不过当年国会拨给FBI的预算没有到位，所以就没增加人员名额。这又是一个委婉的拒绝。在这个回答中，不但透露出FBI其实录用了尼克松的信息，还将尼克松没有收到录取通知的原因推给了当时的国会。

其实，尼克松是由于在参加FBI考试时，还报名参加律师资格考试而被否决的。但这种回答难免会让副总统下不来台。所以，聪明的胡佛先后两次给出了巧妙的回答，并向我们完美展示了拒绝的艺术。

拒绝的艺术，是现代人必须具备的能力之一。如果被拒的一方和你没有任何利害关系，直接了当地拒绝就可以了；但如果是碰上重要的客户或上司，那我们就必须在不伤害对方的前提下，将话说得尽量符合对方的心理需求。

假如明知不可能，也要先说"知道了，我会尽最大的努力试试看"，让对方放心，接着，很真诚地打电话告诉对方说："回公司时，主管刚好不在，等主管回来以后，我再和他讨论这件事。""当我正要向主管报告时，他却有事出去了。"如此这般的答复，表示自己并没有忽视对方的要求。即使在公司里根本没把它当成问题处理，也要在回答时装作很认真的样子。

每个人都会因为信息不足而感到不安。对于自己盼望的事，会渴望知道后来处理的过程如何，如果好几天都没有下文，便很容易产生不安及不信任感。反之，充分的提供信息则使我们产生信任感。

在美国有很多政府机构设有"与民有约"的活动，形成和市民交流信息的管道，改善了政府与民众的信息传达方式，在回答民众的不满和疑问的同时，逐渐公开有关政府的信息。并且，推动这件事的部门领导，会向民众开放领导接待室，努力和民众交流，使市民的意见得以及时表达，加强了政府与民众互动的关系。

也就是说，人们只要能亲耳听到事情的经过和结果，即使是早就知道的事，也会感到比较安心。即使结果是"今天的会议讨论不出结果，等下次再提出讨论"之类被拒绝的话，也会觉得对方已经作了努力，而自己打了退堂鼓。

让人难以说"不"

让对方形成一个回答"是"的习惯，从而渐渐形成不论什么样的问题，都只会回答"是"的状态。

FBI犯罪行为学专家罗伯特·雷斯勒最为自豪的成就，就是将FBI实验室中犯罪心理学的地位提升到一个新的高度。为此，他必须不断与那些美国历史上最臭名昭著的连环杀手们进行访谈，来补充自己的罪犯人格研究计划。但是问题在于，有的时候，那些连环杀手并不愿意配合他。

比如，在采访有着"山姆之子"之称的连环杀手大卫·柏克威兹时，雷斯勒就遇到了这样的麻烦。他采访柏克威兹，目的是想了解连环杀手在作案时的性冲动，但柏克威兹仿佛不愿意谈论这个话题，总是东拉西扯一些不重要的事情。可雷斯勒早有准备，他暂时放缓了访谈的进度，转而谈起了柏克威兹的童年生活。

这是一个柏克威兹喜欢谈论的话题，于是他滔滔不绝地说了起来。他告诉雷斯勒，自己生长在一个寄养家庭，与养父母的关系很差。高中毕业后进入军队服役，原想成为英雄，却碌碌无为，反而在一次嫖娼时染上了性病。退役后，他找到自己的亲生母亲，但对方拒绝让他成为其家庭成员。之后他便开始了自己的杀戮生涯。

在柏克威兹谈论自己的生活时，雷斯勒并没有打断，而是不断地迎合他，等他讲到自己的第一起谋杀时，雷斯勒适时地问道："你为什么只找女性下手？""因为我恨我的母亲，她抛弃了我；我也很其他的女人。""因为她们也抛弃了你？""没有人喜欢我。""杀她们时你感到兴奋吗？""是的。"然后，柏克威兹不再抵制有关性的话题，而是主动说了自己杀人时的感受。他会在杀死被害者后，对着尸体手淫，从而达到性高潮。在平日里，他还会回到案发现场，回想自己杀人时的情景。他会收集媒体关于自己的报道，和那些与被害者有关的报道。他甚至希望出现在被害者的葬礼上，但由于害怕引起警方的怀疑，只能作罢。

在这个事例中，雷斯勒巧妙地利用了柏克威兹的心理变化。当他得知对方不想谈论有关性的话题时，并没有逼迫对方，而是转移话题，谈论一些对方感兴趣的事情。当看到对方越聊越开心时，再趁机引入原来的话题，正在兴头上的柏克威兹就在毫无察觉的情况下，说出了雷斯勒想要听到的话。而这些信息都是极为有用的。据雷斯勒自己介绍，在此之前，执法人员从未想过凶手还会回到案发现场，回忆作案的经过。雷斯勒对柏克威兹的访谈，极大地提升了犯罪行为专家对罪犯心理的了解。

在现实生活中，我们同样可以利用这种方法，让对方难以说不。美国人米尔敦是世界著名的催眠专家，据说当面对要催眠的对象时，他会先准备一系列令其回答"是"的问题，然后使其进入催眠状态。这个方法就是让对方形成一个回答"是"的习惯，从而渐渐形成不论什么样的问题，都只会回答"是"的状态。比如：

"你看起来很好嘛！""是，托您的福。""妻子和孩子们都很平安吧？""是，非常平安。""最近的工作都还顺利吧？""是的，都很顺利。""你是牡羊座的吧！""是，我是牡羊座的。"

当这样的问答长时间持续下去后，再进入主题。"那么，这次的升职你也没有问题吧？""是……"

或许有人会怀疑这种方法是否真的可以奏效。如果运用心理学方面的解释，相信大家便能理解。

许多人应该都有这样的经验，当需要用"不"来拒绝对方时，感觉上一定会不好意思。这种心理上的不快感，便会产生想要回避拒绝的心理。

而如果是说"是"时，不但心理上会感到愉快，而且能够产生轻松感。说"是"时，在心理上是非常自然的。因此，如果有人持继引导你回答"是"的话，你的心理便会形成"是"的思想连锁反应，最后就会形成无法说"不"的局面。

凡事不宜太躁进

一味的死缠着对方，纵然你是好意要帮助他，也会令人感到不堪其扰。

FBI探员不仅要对连环杀手进行访谈，在发生犯罪时，还要经常对一些与案件有牵连的人进行走访，如受害者的亲属、邻居等。这些走访往往并不容易，因为有的人会害怕报复，有的人带有个人偏见，有的人仅仅由于不想和警方合作而拒绝走访。

2010年，FBI接到一个报警电话，对方声称自己被一个犯罪团伙控制，从事高强度的体力劳动。FBI探员迅速展开调查，探员托米安负责在纽约的一个工厂附近进行走访。他试图接近几名劳工，但对方却并不愿意与警方配合。托米安知道，如果强行要求对方协助调查，很可能会适得其反，于是他将自己的电话留给对方，告诉他们如果发现什么线索，就给他打电话。

就这样，托米安在这家工厂附近走访了三天，却一无所获。但他并没有灰心，而是一如既往地进行走访，终于在第四天，他接到了一个电话，对方说知道这批偷渡劳工的下落，要求找个会面地点详谈。

会面地点就在托米安的小轿车中，对方是一名叫做苏亚雷斯的墨西哥劳工，他告诉托米安，今年6月他所在的工厂进来一批亚洲劳工，他们的生活非常悲惨，干最累的活，吃其他劳工剩下的饭，而且，他从未见过老板给这些人发放工资。这个线索非常重要，FBI马上申请搜查令，对这家工厂进行了检查，并一举破获了美国有史以来最大的贩卖人口案。

2010年9月2日，美国联邦检察机关提出起诉书，指控美国环球时空人力公司的4名美籍招募人员和2名泰籍招募人员以丰厚的报酬为诱饵，从泰国诱骗400名劳工至美国，然后没收劳工护照，强迫他们在夏威夷、华盛顿、加利福尼亚、纽约等地进行重体力工作。

托米安在回忆自己的破案经历时，告诉《纽约时报》记者，如果发现走访目标不愿意谈话，那一定不要强迫他，因为他很可能有自己正当的理由。在这个案例中，他一开始走访的那些中北美地区的劳工，就是因为害怕丢了工作，才拒绝与警方合作的。你要做的就是多走访几次，然后耐心等待就可以了。

为了增进小孩子对文字的学习兴趣，著名的美国残障儿童教育学家罗兰博士，创造了独特的"罗兰式教育法"。他先在白纸上写下红色的大字"妈妈"、"爸爸"，然后在幼儿眼前晃了一下，整个动作不超过10秒钟。孩子们被突如其来的举动吸引住了，以为发生了什么事，都觉得非常好奇。接着，再反复给他们看了几次，慢慢的，文字越缩越小，再改用黑字书写，而且提示的文字会变成由左而右、从上到下。如此一来，小孩子在无形之中便很快学会了文字。

一家保险公司的老牌推销员，也利用同样的方式，创造了傲人的业绩。为了要签下团体保险的合约，推销员都希望能和公司的管理层搭上线。但是，大部分的主管都很忙，无法抽出时间详谈，一般推销员一碰上这些大人物就会缠着不放，死皮赖脸地侃侃而谈。这样的作法只会产生相反的效果，令人心感厌烦。可是，那位出色的推销员却懂得适时抓住人心，见了面打声招呼，留下名片就马上离开，绝不逗留。重复几次之后，彼此都渐渐熟了，对方反而会主动抽出时间与他深谈。

受女性欢迎的男人也是如此，若不考虑时间的长短，一味地高谈阔论，只会使女方感到不耐烦。如果分成几次进攻，女方会觉得男方温柔体贴，反倒可以赢得芳心。

对第一次见面的人，总认为机会难得，但一味地死缠着对方，纵然你是好意要帮助他，也会令人感到不堪其扰；为了制造下次能再见面的机会，一开始不宜进行过于冗长的谈话，至少可以留些话题等到以后见面再谈。

沉默是金

在对方保持沉默、信息无法接收的情况下，自己便只有胡乱猜测的份儿。

2001年7月5日，美国刚刚庆祝完自己的又一个国庆日，但FBI探员约翰·斯卡莱特却毫无过节的心情，今天他将要提审一名叫做戈登的犯罪嫌疑人。

戈登涉嫌参与一起珠宝店抢劫案，虽然在他的住处没有发现被抢走的珠宝，但却找到一支枪，经过弹道分析，与珠宝店中劫匪使用的枪支完全吻合。今天，约翰的任务就是想办法让嫌疑人招供。

提审的时间到了，约翰却没有走进审讯室，而是站在隔壁房间的单面镜前，目不转睛地盯着戈登。通过单面镜，他可以清楚地观察到戈登每一个细微的动作和表情。时间一分一秒地过去了，戈登独自坐在审讯室中，不时擦拭一下自己额头的汗珠。10分钟、15分钟，约翰发现戈登的动作频率越来越快，双脚也不停点着地，他知道这是焦虑的典型表现，审问的时机到了。

约翰从容地走进审讯室，在戈登对面坐了下来。他看着戈登，将一摞档案放在桌子上。戈登表现得十分紧张，他没等约翰开口，就急着说道："我是无辜的。"约翰微微皱了一下眉，仍然没有开口。于是，戈登也沉默下来，但紧张的情绪丝毫没有减弱。这时，约翰才说道："我们手中的证据，足够给你判刑了。但我们决定给你一次机会，只要你与我们合作，抓到你的同伙，找回被抢的珠宝，我们就会请求法官给你减刑。"不用再费口舌，听到可以减刑，戈登就将一切都交代了，并最终帮助FBI探员逮捕了这伙劫匪。

沉默是金，说得一点没错。约翰的不到场，以及到场以后的沉默，让戈登变得十分紧张。因为他不知道FBI到底知道多少案情，而时间拖得越久，他就越感到形势对自己不利。于是，当听到约翰说可以获得减刑的机会时，他马上就抓住了。

在日常生活中，沉默战术同样被很多人拿来使用。有一家企业因劳资纠纷一直无法平息，但在新董事长上任后，情况突然有了改观。有人问董事长到底使用了什么秘诀，他却说只是保持沉默而已。由于这家公司的职员情绪太过激烈，因此公司多次进行交涉也无法平息事端，前任董事长就是在交涉无效下黯然退位的，取而代之的新董事长却只是静待工会前来交涉。而且，在谈判过程中，这位董事长竟然不发一言，几个小时过去了，纵然工会人员苦苦相逼，他仍旧保持沉默。经过一天的对立之后，工会的员工只能悻悻而归。在后来的不断交涉中，新董事长仍旧保持沉默，于是便有工会员工说："不知道董事长在想什么，一定是有什么阴谋诡计。"最后终于由劳工方面提出妥协，结束了争端。

这位董事长深谙沉默的道理。沉默使对方的不安增加，逐渐陷入作茧自缚之中。由于沉默，阻绝了对方的信息传递，在信息不确定和信息中断的情形下，能使人的情绪产生焦虑不安。比如在空难事件中，家属若是完全没有得到从现场传回来的信息，整个人必定会陷入狂乱；同样的，在对方保持沉默、信息无法接收的情况下，自己便只有胡乱猜测的份儿。这种猜测有其限度，不久便会慢慢汇集成不安感，并最终导致认输的局面。

经验丰富的房地产推销员，有时也会使用这种沉默的心理战术。例如，带客人参观过工地后，在回来的路上，绝口不提买卖的事。这个时候，如果推销员主动提出"您看过后觉得怎样"，反而会让客人多加考虑，可一旦沉默下去，客人就会变得不安，"奇怪，他为什么不向我推销呢？难道是看不起我？"然后会想一些奇奇怪怪的问题。"关于那件事……"当客人开口时，推销员才接着回答。如果做到这种地步，推销员便完全掌握主动权了。

最终发言权

一个人在连续获得各种不同的信息时，最后的信息往往最容易左右其思想。

毫无疑问，FBI在其百余年的发展史上，创造了一个又一个奇迹，但同时，丑闻也始终纠缠着这个机构。面对各种各样的丑闻，FBI会如何面对呢？

1993年，FBI爆出惊天丑闻，两名具有多年工作经验的老探员，竟然被查出是黑帮的线人，他们在2年间向芝加哥黑手党提供了多条内部消息，导致3名FBI线人被杀。这起现实版的《无间道》一时间震惊了整个美国。

丑闻曝光后，批评之声不断，甚至有人直接将鸡蛋扔到FBI总部门口，讽刺其内部人员都是"臭蛋"，但无论外界如何批评，FBI当局都对此事三缄其口。就这样过了两个月。突然，FBI对两名探员的住处实施了一场突袭，并成功逮捕了两人。之后，在第一时间通知了各个媒体，告知他们这两人就是潜伏在FBI内部的黑手党线人，并信誓旦旦地向全国人民保证，他们会顺藤摸瓜，直至消灭整个芝加哥黑手党。

在FBI强有力的回应下，批评之声一夜之间消失了，人们的注意力全部由FBI丑闻转移到两名被捕的特工身上。这就是FBI应对丑闻的方法，先让别人说去吧，我只是默默地听着。因为如果此时加入争论，只能越描越黑，根本解决不了问题。但当外界的关注逐渐变小时，突然做出积极回应，此时，往往更能引起民众的注意，而不是他们的联合抵制，因为此时的民众已经听够了批评，他们只想知道一个结果，而FBI恰恰给了他们这个结果，就是当场逮捕两名害群之马。

在会议上，所有参与会议的人都针对主题发表意见，但是有个人却始终不发一言，只是不停地做记录。到了会议即将结束的时候，主席便催促这位始终保持沉默的人提出自己的意见。于是，这个人便用刚才所做的记录，在综合其他人的意见后，加上自己的看法，得出了一个精彩的结论。当然，他的意见最后被会议采纳，成为会议的结论。

心理学家曾做过一个有趣的实验。实验的内容是以真实的案件作为题材，然后进行模拟判决，以此来观察陪审员的裁决是否会受最后一次证言的影响。实验中他让辩护律师及检察官各拥有六次发言的机会，而且每次发言的时间大致相同。第一次的作法，是让检察官先提出两个证据，再由辩护律师分别予以反驳，如此一直进行到最后；第二次则是先后次序对调。实验结果竟然发现，陪审团大都倾向于相信最后一次证言的诉求，并据此做出判决。

这个例子就是心理学上所谓的"新近效果"。换言之，就是"一个人在连续获得各种不同的信息时，最后的信息往往最容易左右其思想"。我们从前面的例子中也可以看出，虽然众说纷纭，但是最后提出意见的人却完全控制了会议的走向。

因此，只要善于利用这种效果，就可以让自己的意见获得更多的认同。我们可以得到一个结论，那就是如果想在某个会议或某个场合里，使自己的意见获得多数人的赞同时，并不需要一开始就高谈阔论，只要冷静观察，并适时提出自己的见解，就足以达到目的了。俗语说"沉默是金"，这句话并不是教人当哑巴，而是劝人要在适当时机说有用的话。

第八章
适当采用的退让之道

退让不是胆怯，更不是认输，而是一种韬光养晦的谋略。心理操纵如同战争，不能一味强势，也要深谙退让之道。

适时地夸奖对方

不时地夸奖对方，等待他攻击力逐渐减弱后，再适时提出正题，对方就会轻易妥协了。

当FBI探员审讯犯人时，往往会随机应变，采用不同的策略，若是一味强势，就有可能适得其反。因此，虽然很多探员都不愿这样做，但有时候他们还是要适当地对嫌疑人表示某种赞许。

1994年，FBI探员基思·萨维负责审讯一名恋童癖患者，嫌疑人名叫弗罗曼，涉嫌猥亵并杀死两名女童。虽然之前已有目击证人声称，在抛尸地点见过弗罗曼搬运尸体的汽车，但警方仍然希望能从嫌疑人口中获得更多的证据。

弗罗曼具有典型的自恋倾向，他非常注重自己的衣着，即使穿上囚服，也十分在意自己囚服的平整。在审讯时，他也总是下意识地梳理自己的头发。对于这种人，基思知道应对的办法。

弗罗曼对自己的罪行供认不讳，但基思希望他能具体交代一下作案的细节，这不仅可以帮助确认他确实是凶手，同时也可以让探员更加了解这类罪犯的心理状态。于是，基思开始试着引导他。

"你是如何寻找自己的作案目标的？""我寻找目标并不是随机的，要看我的心情，如果心情不好，我就不会作案。""我发现被你杀死的两个儿童都是金发。""是的，我对金发有着特别的偏爱。""金发确实很漂亮。""没错，我总是等到她们落单才动手，但问题在于，父母们总会陪在孩子身边。""那你有什么好办法吗？""当然，我会等在厕所周围。你知道，家长的目光总是盯着自己的孩子，只有在孩子上厕所时，才会有时间看看周围自己感兴趣的东西，因此他们总会在这个时侯分心。""真是个聪明的办法，你抓到孩子后会怎么做？"

基思知道，几乎所有的变态杀手都希望自己成为焦点，"开膛手杰克"、"山姆之子"柏克威兹都是如此，而自恋倾向明显的弗罗曼当然也不会例外。因此，只要一两句奉承，就可以很容易地诱导对方，让他说出自己想知道的事情。"你有什么好办法"、"真是个聪明的办法"，简单的夸奖足以实现对他的操纵。

在日常生活中，奉承几乎成为我们人际交往的必修课，几乎在各个场合都可以被使用，而且屡试不爽。美国俄亥俄州有一位汽车推销员，他所卖的车子来自全美排名第三的汽车制造厂，但是由于他高明的推销手法，使这个牌子的汽车，在本地区拥有最高的销售量，令其他车商望洋兴叹。

根据他的说法，原本开其他牌子汽车的车主，十个人中就有两个人对所开的车感到不满意，有意更换新车。但是，往往有这种想法的人，都对汽车很内行，个人很喜欢车，更希望能开上一部好车。拜访这些人时，让他们尽情发表其汽车方面的知识，并说出自己所经销汽车的小缺点，才是成功的销售技巧。尤其要适时夸奖对方的汽车知识，脸上要显现出佩服的神情，并夸奖对方说："你的知识怎么如此丰富?""我已经算是内行了，但没想到你比我知道的还多。"——尽可能多地称赞对方。

心理学家曾做过实验，显示当小孩子与成人感受到压力时，都会想方设法缓解压力。小孩子通常会故意做恶作剧，以消除心理上的不安。成年人也会有类似的情形，但成年人的恶作剧则带有攻击性。

具攻击性的表现就是——只要开口说话就是拆别人的台，挑对方的毛病，这种类型的人情绪容易激动而且难以说服，若要使这种人迅速软化，就必需使用拍马屁的手段。先谈些与话题无关的事情，如服装、庭院、房子，并且时不时夸奖对方，待其攻击力逐渐减弱后，再适时提出正题，对方就会轻易妥协了。

让对方自豪

　　若能从对方感到自豪的事情切入话题，除了表示十分了解对方之外，更可让对方有被关心及受重视的感觉，进而促使对方答应我们的要求。

　　1966年，整个芝加哥都被一个名字震惊了，他就是理查德·史派克。他涉嫌强奸并杀害了八名年轻的护校女学生。当时，他趁着夜色潜入一间公寓，想去偷点东西，却发现那里住着一群女学生，于是他改变了计划。他将这些女学生捆绑起来，然后一个个带到另一个房间强奸并杀害。只有一名女生幸运地活了下来，在史派克刚刚进屋时，她机敏地躲到了床下，才捡回一条性命。事后，她告诉警方，凶手的手臂上刻着"生来享受"字样的刺青。

　　史派克很快就被抓住了，他到医院去治疗自己的手臂，恰好被人认出了那个刺青。FBI在得知消息后，对他产生了很大的兴趣，为了进一步了解连环杀手的心理状态，FBI探员决定对史派克进行一次约谈。

　　但史派克并不愿意合作，他先后多次拒绝了FBI的约谈。后来，在狱方的强制下，他才极不情愿地与FBI探员见了面。但见面后，史派克却表现得非常不合作，他甚至不愿意开口说话。正当FBI探员有些为难时，一个意外发生了，这个场景让当时在场的FBI探员印象深刻。有个在一旁监视的狱警告诉史派克，说他作案时自己也在芝加哥。

　　让FBI探员意想不到的是，史派克在听完这句话时，竟然大笑起来，对FBI探员的来访也不再抱有抵触情绪。这是为什么呢？

　　原来史派克自从离婚后，生活越来越困顿，甚至被一些酒吧的低级妓女羞辱。而事发当晚，史派克接连与八名年轻、有活力的女学生发生性关系（在他扭曲的心理中，强迫发生性关系并不是什么大不了的事情），正是他人生中最美妙的一段时间。正如他手臂上"生来享受"的刺青一样，史派克一直为这一夜感到自豪。因此，当那个狱警告诉史派克，自己当时也在芝加哥时，马上将他带回了那个充满"美好"回忆的现场。虽然当时狱警只是想表现一下自己的愤怒，但却误打误撞，说中了史派克最为自豪的一件事情，而他的抵触心理也随之变得无影无踪了。在接下来的访问里，史派克几乎是知无不答，表现得非常配合。

在口常生活中，如果能找到对方引以为傲的事情，几乎就等于打开了对方的心扉，想要实现操纵，也就变得非常容易了。

一家出版社的总编辑，想向一位知名作家邀稿，这位作家是出了名的怪脾气，其他出版社的编辑都对他伤透了脑筋。所以这位编辑前去拜访时，心情也相当紧张。

见面之后，正如那位编辑所料，怎么都谈不到一块去，那位作家只是一味地敷衍，令他不知所措，心想只好改天再来，打定主意后，两人就随口闲聊起来。

前不久，他在杂志上看到有关作家近况的报导，于是他说起这个话题来："我听说您的大作最近又要在法国出版了！"作家一听到对方突如其来的关心，就非常感兴趣地听下去，这位编辑接着又问："不知您的写作风格能否用法文完整呈现出来呢？"作家回答道："就是这点让我烦恼呢……"于是，他们就在和谐的气氛下聊了起来。原本已决定打退堂鼓的编辑，此时又重新恢复了信心，并且终于得到了作家的首肯。

这位难以应付的作家，完全因为一句话而改变了态度。原因在于作家觉得这个编辑不像其他人只是有求于他，而是真心实意地关注自己、了解自己，所以，他也就不再随便应付了。

任何人遇到有名望、有地位的人都会怯场，在气势上先被对方压倒。进一步交谈时，就不容易说出个所以然来，甚至怕冒犯对方而有所顾忌，畏首畏尾。若能从对方感到自豪的事情切入话题，除了表示十分了解对方之外，更可让对方有被关心及受重视的感觉，进而促使对方答应我们的要求。

适当给予奖励

> 偶尔给予报酬比每次都给予报酬，效果会来得更好。

2007年，在美国甚至世界都拥有极高影响力的美国职业篮球联赛爆出惊天丑闻，多场比赛涉嫌赌博和黑金交易。这一案件马上引起了FBI当局的关注。随后，他们在监听一个赌博组织的家庭电话时，听到了多纳希的名字，而他正是11起可疑比赛的执法裁判，其中包括了1月15日费城76人主场对阵多伦多猛龙，以及1月17日菲尼克斯太阳对阵休斯顿火箭的比赛。

于是，FBI探员对多纳希进行了抓捕，并多次提审多纳希。由于本案在美国民众间的关注度非常高，所以FBI当局希望能够加快调查进度。因此，他们对待多纳希的态度也有所变化，从最初希望给他定罪，逐渐向培养他成为污点证人转变。7月，多纳希聘请前联邦检察官拉罗作为自己的辩护律师，而此人正是将代理人转变为污点证人的行家。所有证据都显示，多纳希极有可能成为FBI的污点证人，指证真正操纵比赛的幕后黑手。

污点证人是一个广为人知的名词。那么，什么才是污点证人呢？污点证人是指，犯罪活动的参与者，有犯罪污点，他可以为国家公诉机关作证，以换取免受国家刑事追诉或减轻、从轻指控的待遇。

但并不是所有罪犯都可以成为污点证人的，因为FBI很清楚，过度纵容罪犯，很容易导致更加暴力的犯罪事件。因此，污点证人只有在关注度很高、社会反响热烈，或者警方严重缺乏证据的时候，才可以被启用。这样做，既明确表示了不是所有罪犯都可以通过成为污点证人逃避罪责；也可以提高污点证人的诱惑力，诱使罪犯在某些特定的案件中与警方合作。

FBI的这一做法，与心理学上提到的"再强化时间表"十分相似。所谓的"再强化时间表"是习得心理学中的一种现象，即对正确反应给予的报酬，其次数越少，行为反而越会持续下去。

所谓"强化"，是指强化这种行为的欲望因素。换言之，也就是给予任何形式的报酬。 我们由实验来证实这一点：首先准备两个箱子，其中一个箱子只要一推拉杆，食物便会出现，此种情况称为"完全强化"。另一种情况则是装置"间歇强化"的箱子，也就是在推动拉杆时，偶尔才会出现食物。

然后在两个箱子里各放一只老鼠。当老发现推动拉杆就会出现食物时，会不断地持续此种动作。在过了一段时间后，当老鼠推动拉杆时便不再给予食物，久而久之，"完全强化"的那只老鼠就不再推动拉杆，也不再存有出现食物的希望。而"间歇强化"箱子里的老鼠，仍然会不断尝试推动拉杆，希望食物的出现。由此可见，间歇强化的效果，比完全强化效果持续的时间更为长久。

这种结果也可以应用在人的身上。"电动玩具"之所以受到人们的喜爱，就是因为它充分运用间歇强化的效果所致。如果每一种电动玩具都让人百发百中的话，在玩腻了之后就不会再有人想玩了。而事实上，每一种电动玩具都具备了满足人们这种间歇强化心理的条件。所以，打电动玩具的人，总是义无反顾地把硬币一个个丢进去。此外，这项原理也可以运用到人事管理或教育孩子上面。

在教导孩子学习时，若能准备一些奖品（也就是报酬），效果往往会很好。但是偶尔给予报酬比每次都给予报酬，效果会来得更好。

再给一次机会

当属下有了一点小错时，要勤加督促；但当犯下大错时，就必须安慰他、鼓励他。

22岁的普罗文·布莱克（由于隐私保密，此处为化名）算得上是一个电脑天才，高中时期，他就可以利用自家的网络入侵到其他人的电脑。但过于迷恋黑客，却让普罗文走上了一条满是荆棘的人生道路。当地的一家赌博公司听说了他的事迹后，多次胁迫他为其工作，入侵多家公司窃取信息。普罗文原本以为按照这些人的要求去做，他们就可以放过他，但事与愿违，这家赌博公司对他的操纵反而越来越厉害。最终，忍无可忍的普罗文向当地警方报了警，这个案件随即被转交给了FBI。

FBI对待普罗文的态度让他始料未及，他们并没有摆出一幅冰冷的面孔，对他所犯的罪行进行说教。而是对他的遭遇表示理解和同情，然后让其自己反思曾经的过错。当然，FBI探员不会让这名网络黑客放任自流，普罗文也为自己的罪行付出了代价。但FBI的"爱心攻势"为普罗文带来了正面的影响，最终，他决定成为一名线人，继续潜伏在黑客当中，为FBI提供有用的信息。

2011年6月6日，英国《卫报》爆出猛料，其中援引电脑黑客季刊《2600》记者艾里克·克里的说法，声称FBI一直在对本国的黑客进行全方位的渗透，目前，大约已经有25%的黑客成为了FBI的线人。

普罗文正是FBI针对黑客组织渗透的目标之一，而对普罗文来说，成为FBI的线人，让他有了改头换面的机会。他说道："我很感激FBI能够再给我一次机会，这一次，我一定要掌握好人生的方向，为这个社会做一些有意义的事情。"

有一年，美国职棒大联盟冠军决赛，双方人马都卯足全力，比赛打成平手，第九局下半场，进攻的队伍没人出局，二垒有人，但二垒的跑者却因为过于大意，被牵制球击杀出局，这一结果令这名球员非常沮丧，黯然退场。如果此时教练当着全体球员的面斥责他，一定会让他感到无地自容；可是教练却上前安慰道："没关系，不要放在心上。"这名球员在满怀感激的心情下，不负众望，在延长赛中击出全垒打。

人非圣贤，孰能无过，任何人犯下错误之后，其实本身都会感到懊恼自责，如果再给予严厉的批评，只会对他的自尊心造成伤害，他就有可能会故意一错再错，来表达内心的抗议。

高明的作法是当属下有了一点小错时，要勤加督促；但当犯下大错时，就必须安慰他、鼓励他。如此一来，不但可以激发属下更为坚强的意志，还能让他们在"士为知己者死"的信念下，对你更加忠诚。

你一定做得到

对失去信心的人，你就要对他说："你一定做得到！"

2008年3月12日，凯莉和艾米丽像往常一样，按时来到学校，准备开始一天的课程。突然，一个高大的身影闯进了教室，凯莉向这个身影看了一眼，发现是一个衣着破旧的男人，手中握着一把手枪。这个男人进入教室后，什么都没有说，就开了两枪，其中一颗子弹正好穿过凯莉的肩胛骨。此时，大家才意识到发生了什么事情。但为时已晚，教室里的7名学生都已经成为了这个劫匪的人质。

劫匪没有再开枪，而是让所有人都趴在地上。凯莉强忍着疼痛，听从劫匪的指挥。艾米丽发现了凯莉的伤口，低声对她说："我们会没事的，你一定要坚持住！"凯莉对她点点头。大约20分钟后，警察将学校包围起来，并与劫匪展开了谈判。但谈判并不顺利，情绪越来越激动的劫匪终于爆发了，他从地上拽起一名同学，把他带到教室的窗户边，当着所以警察的面将他射杀了。凯莉清楚地记着那个时刻，在周围一片惊恐的尖叫声中，她仿佛已经到了崩溃的边缘。这时，旁边的艾米丽握住了她的手，对她说："警察会救出我们的，你要坚持住。"

然后，凯莉听到窗外有一个自称FBI谈判专家的人，要求与劫匪谈判，劫匪就开始和他聊了起来。这段时间在凯莉看来，仿佛十分的漫长，而原本十分疼痛的伤口也逐渐变得麻木，凯莉以为自己就要死了。但她还能够感受到艾米丽温暖的手在握着她，在她耳边低声说："坚持住，你一定能做得到。"突然，又一声枪响将凯莉从半昏迷状态中拉了回来，她睁开眼睛，发现这次没有同学被杀，反倒是劫匪倒在了窗边，一大片血迹包裹着他的脑袋。

后来凯莉才知道，FBI谈判专家霍华德故意将劫匪引诱到窗边，然后由狙击手将其击毙。在回忆这段人质经历时，凯莉说道："当时我真的以为自己要死了，但朋友的话让我坚信，自己能坚持下来，并且，我真的做到了。我想，这一切都要归功于我的朋友艾米丽吧，要不是她的鼓励，我就不会有勇气坚持下来的。"

经常有一些家长大发牢骚："我家的孩子成绩怎么会这么差！"听到他们的抱怨，我都会劝这些家长说："小孩子的能力往往是你预想不到的，不要仅凭成绩单上的成绩来评判他们。"我在上小学时，每次拿到很差的成绩单，心情就十分沮丧沉重，老师告诉我："你的实力还没有挖掘出来，还有很大的潜力，只要把它发挥出来，一定会进步的。"这句话让我渐渐产生了自信心，之后，再遇到困难时也能努力克服，不轻言放弃了。

有位实力派歌手，刚出道时并不被人看好，使他对自己的歌唱生涯失去了信心，看到这种情况，他的经纪人鼓励他说："一定没问题，你唱得这么好！我就是认定你将来会成功，所以才愿意当你的经纪人的，我相信自己的眼光，你也要相信自己的实力。"一席话激发了他的斗志，最终得以扬名歌坛。

不管是孩子还是成人，对他们说："你一定做得到！"将有助于增强其信心，激发出想像不到的潜力。相反地，如果一味地说："你一定会失败！你一定做不到！"则会让人丧失信心，陷入自我厌恶的循环中。

要求属下做事时，有些上司会说："这件事也许比较困难，你要好好努力。"这时属下的能力会因为斗志高昂而得到提升。对自己没有信心的人，想要让他产生强烈的干劲，应该经常鼓励他说："你一定做得到！"反复陈述对他有利的暗示，就能把他的潜力引发出来，展现他真正的实力。

心理退化现象

注意！别让自己成为"心理退化现象"的牺牲品。

埃德加·胡佛在出任FBI局长时，就发誓要建立一个铁血之师，他认为FBI是美国国家安全的基石，只有基石稳固了，上面的建筑物才能稳固。于是，在培训FBI学员时，他就为此付出了很多精力。

胡佛经常会安排一些人手混入FBI学员中，或者干脆直接从学员里面找到几个眼线。他故意斥责新学员，然后让自己的眼线观察新学员的行为举止，找出那些心理承受能力强的，淘汰那些心理承受能力弱的。因此，学员们在进行高强度的训练时，还要承受无处不在的心理压力。很多人都因为无法忍受这种压力，最终被FBI辞退，或者主动退出培训课程。

沙利文曾是胡佛时代一位优秀的副局长，他回忆自己在FBI特工学院的培训生活时，总会说起一个故事。当时，他和一同受训的49个人准备迎接胡佛的视察，大家都穿上正装，一套三件式的西服，但其他人都穿着白色的衬衣，只有他一个人穿了淡黄色的衬衣。教官发现后，毫不犹豫地斥责起他，并让他马上脱下西服，换上白色衬衣。一位学员后来在私下里对他说："真该死，沙利文，我知道你对训练肯定有看法。好吧，你不说，我可要说。我要离开这里去参军。"结果，此人还没有等到训练结束就被FBI踢出门外。

胡佛之所以让学员们受到这样的训斥，就是为了查看他们的心理承受能力，他不允许自己的手下有弱点。他觉得那些在受到训斥后，自信心越来越低的学员，根本无法承受FBI探员工作中的压力，因此，将他们尽早剔除，对这些学员来说也是一种解脱。而留下来的，都成为了胡佛眼中美国执法部门的精英，FBI未来的希望。

许多人偶尔会和朋友打打牌。打牌是一种有趣的娱乐，可以借此了解日常生活中不易察觉的一面。有一种一开始就输的人，他会固执于自己的打法，一味固执而不知变通，结果只能是输得更惨。

在心理学上来说，这是一种"心理退化现象"，当自己遇到挫折时，会有孩子般固执的倾向，从而导致更糟糕的结果。根据以小孩为对象的实验，先测验小孩的智商，接着再给他较难的功课，然后骂他："连这都不会，笨死了！"这种严厉的斥责会让小孩沮丧气馁。后来再让他重做原来的智商测验，结果会发现，他的智商明显下降。

这就是人在气馁时能力会降低的证据。有些公司的经理人会利用这个弱点来打击别人，以此来巩固自己的地位。例如对已威胁到自己的下属，给予他们不合适的工作，使其觉得"我为何要做这么卑微的工作？"当工作失去热情时，本来能力强的人，也会产生退化现象，从而使能力降低。

有很多被上司责难而遭受打击的职员，就是被这些上司使用"心理退化现象"的牺牲品，而这些上司在无形中剥夺了公司的活力。

反之，如果交付个人比其能力略高的工作，并且予以鼓励、支持，明白表示"你一定做得到"，他的干劲便会源源不绝地涌现出来。

暗示强化

看到对方被夸奖或被斥责，自己就会有相反的心情，这就叫作"暗示强化"。

2006年2月23日，美国宾夕法尼亚大学工程学院的网络服务器突然瘫痪，原因是接到的下载请求骤然增加，仅从一个学生的电脑上就发出了7万次下载请求，而平时每天的总下载量只有450个。FBI在对这次网络黑客攻击进行侦破时，发现了两个涉案计算机的代码，其中一个属于21岁的美国青年瑞安·格尔德施泰因，而另一个则来自新西兰，他的代号为"AKILL"。2007年11月30日，新西兰警方突袭了AKILL的家，发现这名网络黑客，竟然是只有18岁的欧文·沃克。

为什么年仅18岁的欧文会成为一名网络黑客呢？在FBI针对欧文的调查中发现，他是一位艾斯伯格综合症的患者，这种病人在社交和沟通上与自闭症患者有相同的问题，然而，他们跟一般的孩子一样聪明，甚至在某一领域有超常的能力，同时他们也具有很好的语言技能。在历史上，有无数独领风骚的大师都是艾斯伯格综合症的患者，他们包括爱因斯坦、牛顿、梵高、乔治·奥威尔、莫扎特和康德。

欧文由于患有艾斯伯格综合症，在孩童时期就非常不善于表达自己，他在学校与同学和老师的关系都很差，总是形只影单，没有朋友，甚至受到同学的欺负。但这些他都可以忍受，最让他无法忍受的，是看着老师表扬其他同学，他认为这是老师在有意识地做给自己看，目的就是在全班同学面前羞辱自己。

欧文虽然不善交际，但他在电脑方面却绝对是一个天才。自从14岁退学后，他就将所有精力都集中到电脑上来。在欧文被警方抓捕之前，他已经利用俗称"僵尸网络"的电脑病毒，入侵了美国、荷兰和新西兰的130万部电脑，遭成至少2500万美元的经济损失。

许多人或许都记得，在念小学的时候，班上要是有人做错事被老师骂时，都会有一点"幸灾乐祸"的感觉，也会觉得"我没做被骂的事"，这就好像被老师夸奖一般；相反的，要是有人被老师夸奖而自己没被夸奖，便会觉得好像被贬低了。像这样，看到对方被夸奖或被斥责，自己就会有相反的心情，这就叫作"暗示强化"。

曾经有过这样一个故事，讲的是一位董事长让想解雇职员，并让其自动辞职的过程。这位董事长的作法就是，对他想解雇的职员，并不采取直接解雇的方法，而是不说半句话。却经常当着他的面对另一些同事说些夸奖的话。夸奖的内容包括很多，比如"你的桌面整理得很干净"，任何事都可以拿来当作夸奖的内容。

一段时间以后，这个职员的意志便慢慢消沉下去，工作效率也越来越低，不久，这个职员便待不下去了，终于自己提出辞呈。

虽然这只是一则故事，但这个董事长的方法，可以说是巧妙地运用了心理学上所谓的"暗示强化"。事实上，这种"暗示强化"在正反两面都可运用，若是运用得当，将可以极大提高待人处事的能力。

部分刺激

集中一点来反复夸奖，会使对方十分高兴，本来怀有的戒心，也会因此放松下来。

1961年7月2日，美国著名文豪海明威在自己家中饮弹自杀。当时所有人都认为海明威是由于精神分裂而选择自杀的，谁也不会想到，海明威的死居然会和FBI扯上关系。

1983年，FBI公布了一份长达127页的关于海明威的报告，这份始于20世纪40年代的报告，证实海明威遭受过FBI的严密监控，而向FBI下达命令的，正是当时的FBI局长埃德加·胡佛。

胡佛下令监视海明威，是由于他与古巴的卡斯特罗有联系，这对于胡佛来说，简直是不可容忍的。于是，他命令手下的FBI探员对海明威实施全天候的监控，并多次声称他是古巴安插在美国的间谍。这种无理的指责让海明威十分愤怒，但在FBI连续不断的指责下，海明威承受的压力也与日俱增，最终导致了精神崩溃。

在FBI对海明威进行监视期间，还多次以"他是间谍"的名义，对海明威进行威胁恐吓。2011年7月3日，海明威的密友、作家霍齐纳对英国《每日电讯报》说道，1960年他与海明威一起在爱达荷州卡彻姆地区打猎，当时海明威就向他抱怨过FBI探员对他的跟踪，他说自己收到过FBI的恐吓，说他是古巴的间谍，这简直就是污蔑。一个月后，海明威在明尼苏达州接受了精神病电击治疗，治疗结束后，他回到家中，随后用自己最喜欢的枪自杀身亡。

霍齐纳说，海明威最不能忍受的，就是FBI反复将其指责为"古巴间谍"，这一点也是导致海明威在日后精神分裂的重要原因之一。

在日常生活中，花花公子最常用的技巧，就是经常对女人说："你的脖子真美"或是"你的眼睛真迷人"，集中一点来反复夸奖，让对方十分高兴，本来持有的戒心，也会因此放松下来。而这便是暗示说服法中"部分刺激"的应用，因为人会对自己某一部分的夸奖而联想扩大，彷佛别人是在赞美自己整个人。

"部分刺激"不但可以打开对方的心扉，在攻击对方时也能发挥效用。反复攻击某一点，方法虽然单调，但也可使对方感到信心动摇。

在一次企业集团的股东大会中，一位股东就用了这种心理战术。当会议按照程序即将结束时，那位股东突然站起来，用宏亮的声音说："这样重要的会议，董事长为什么翘着二郎腿？"董事长非常吃惊，赶紧把脚放下来，这位股东仍得理不饶人地说："被人指出来以后才改变态度，还当什么董事长！"

虽然这一段小插曲对整个股东大会并没有什么重大影响，但却造成董事长和其他股东内心的动摇，也使职员对这位股东有了很深的印象，结果使他以后办事顺利了许多。

这件事不能责怪董事长，董事长对各个股东的攻击都防备得很好，只是不注意坐相，当有人攻其不备之时，他自然会瓦解。尤其是高级知识分子，越怕受到这一类的攻击。

反过来说，不想向对方的攻击屈服，就尽量讨论大问题。政治家都避免谈细节，总是以冠冕堂皇的方式来总论，这就是这一类手法最高明的运用。

斥责之后的抚慰

该斥责时就要斥责，不过要让对方知道斥责与信任是两回事。

2005年，FBI列出全球十大艺术品失窃案，其中位列榜首的就是2003年伊拉克国家博物馆的文物失窃案，据警方估计，当时大概有7000至1万件文物丢失。

其实，这次失窃案的始作俑者，正是美国。2003年3月至4月间，美英联军的轰炸让伊拉克首都巴格达成为一座混乱之城，在这场混乱中，数以万计的伊拉克文物和文化瑰宝，被疯狂的暴徒们洗劫一空。据估计，当时丢失的重要文物，大概在1.5万件以上。

2011年7月7日，FBI官方网站公布，将一批在最近一次破获的文物走私案中收缴的伊拉克文物，全数归还给伊拉克政府，这一行为马上获得了正在重建中的伊拉克政府的欢迎。其实，这一行为完全是出于政治形式的客观要求。近年来，随着伊拉克人们反美情绪的不断高涨，美国政府绞尽脑汁，希望能够找出对策，缓和与伊拉克人民之间的紧张关系，为此，他们不但撤出了驻扎在伊拉克的美国军队，还帮助伊拉克训练本国警察，以便维持当地治安。现在，FBI又使出新手法，即归还一批伊拉克文物，虽然这批文物的数量，根本无法与之前伊拉克由于战争而损失的文物相比，但能够收回代表自己古老文化的文物，还是让伊拉克人民十分欢喜。

这就是典型的"斥责之后的抚慰"，利用这一方法，美国政府成功使自己在伊拉克人民中的形象大为改观。

某知名企业的总裁，对属下同样采取了这种管理方式。有一次，一位平常表现非常出色的经理不小心犯了错，让他非常生气，他用火钳敲打着地板，毫不留情地严厉斥责，让这位经理激动地想掉头就走，这时这位总裁便说："因为我刚才怒不可遏，火钳被我敲歪了，你去帮我弄直。"于是经理用锤子锤着火钳，每锤一下，心情也平静一点，完全弄好后递给总裁。总裁笑着称赞道："太好了！比以前更完美，你真不错啊。"并当面给经理的太太打电话说："你先生今天非常辛苦，晚上请为他准备一点酒。"原来情绪激动的经理，被总裁的行为感动了，从此对他更加忠心耿耿了。

一般来说，在被别人斥责之后，会对斥责自己的人感到十分憎恨、愤怒，甚至开始怀疑自己的能力，在心理上产生抵触情绪。反过来，若是担心对方的反应，在该责备的情况下却睁只眼闭只眼，不但对属下毫无帮助，而且还会造成属下态度怠慢、消极，重蹈覆辙，一错再错。

该斥责时就要斥责，不过要让对方知道斥责与信任是两回事。在上面的例子中，总裁的夸奖和笑脸即是如此。斥责结束后，故意找其他机会夸奖对方，期待他能重新发挥潜力。让他觉得"老板是爱之深，责之切，因为器重我，才会如此斥责我呢！"一方面会仔细反省自己的过失，另一方面也可以让他更有干劲，发挥更大的潜力。

第九章
巧妙化解困局的要点

面对困局，是就此认输、一败涂地，还是蓄势待发、反戈一击？FBI教你如何在困境中化险为夷。

转移话题

面对僵局，可以暂时转移话题，以此来维护双方的和谐。

2009年，FBI的一次内部考试作弊丑闻被媒体曝光。当时，在一次关于司法部门新侦查条例的考试中，许多考生违背考试原则，聚在一起或是开卷答题，甚至有人在极短时间内完成考试，据悉在此次考试中涉嫌参与作弊的考生竟然多达数百人。据报道，本次考试旨在让FBI探员了解新的侦查条例，以便他们能够更好地执行监督民众和调查工作。媒体对此评论道："他们身为执法人员，在关于侦查条例的考试中居然作弊，这不禁让我们猜测，他们对于自己在执法过程中要履行的法律常识，到底知道多少。"而民众也提出了自己的质疑，如果FBI探员通过作弊手段通过考试，他们又如何能够按条例办事？这条新闻一经披露，马上引起民众的广泛关注，人们也不禁对FBI的职业态度投来怀疑的目光。美国国会对此非常重视，已经下令FBI当局尽快彻查此事。

2010年7月28日，美国国会针对此事，专门向FBI局长罗伯特·穆勒进行了质询。在质询过程中，穆勒振振有词地为属下进行辩护，他对国会说道："你们问我有多少人作弊，我不知道，我怀疑你们也不知道具体人数，因为一切都是子虚乌有的，你们只是在借机炒作而已。"接着，他对媒体的一些质疑进行了解释。他说FBI首先对自己的探员进行了十几个小时的培训，然后进行了这次开卷考试，根据考试规则，探员们可以参考自己的笔记和其他资料，但不能互相交流。因此媒体关于探员在考试中作弊的报道本身就是毫无根据的。此外，对于有探员提前离场，穆勒解释说在任何考试中，都会有学习好的人提前答完试卷，但我们不能因为学习好而惩罚他们。他还表示自己完全相信FBI探员们的职业精神，FBI的一代代探员为维护这个国家的安全，做出了很大的牺牲，他们应该得到更多的尊敬，而不是质疑。

单就穆勒的说话艺术而言，他无疑是个高手。他不但用"好学生"的生动比喻，解释了媒体对于有探员提前离场的质疑，还成功地将话题从考试作弊转移到FBI为国家做出的贡献上来。

毫无疑问，为了国家安全和社会稳定，FBI的探员们确实做出了巨大的贡献和牺牲，他们对于这个国家可谓是功不可没。但这与本次质询毫不相关，但穆勒却巧妙地将话题转移过来，用FBI的正面形象，冲淡了其负面影响。后来，FBI的这一作弊丑闻也就不了了之了。在这次危机公关中，穆勒和他的FBI又取得了一场酣畅淋漓的胜利。

在日常生活中，转移话题也是避免冲突的主要方法之一。有一位大学教授正在讲课时，一名学生突然举手提问道："请问教授，您对调整学费有什么看法？"这位学生平时表现并不活跃，与教授也不是很熟悉。如果教授停止授课回答他的问题，意见一旦相左，场面将十分尴尬。

对于这样的问题，教授就采取了转移话题的巧妙回答，"这个问题与课本内容无关，所以我暂时无法回答，下课后咱们再讨论如何？"这样就避免了尴尬场面的出现。

在大庭广众之下，面对突如其来的问题，通常很容易让人陷入难堪。这时候，首先应该尽量避免正面回应，而是以其他理由暂时回避问题。

如果对方是故意挑衅，我们也可以采取转移话题的方式，这总比两个人当场闹得不可开交好得多。这种作法在其他状况时也大有用处，例如公司开会时，遇到可能会引起争执的问题，主持者可以就问题的重要性进行说明，"这个问题影响很大，需要从长计议"，从而压制住对方，或者说"大家再花点时间思考一下，今天提出个人的想法即可，其他的细节改天再讨论！"

以慢制快

冷静是处理紧急事件的不二法门。

1999年5月，加利福尼亚州弗雷斯诺市发生了一起持枪劫持人质事件，当时，一名劫匪在一家五金店中劫持了两名店员和一名购物者，并与随后赶到的警方展开了对峙。FBI人质谈判专家保罗·林恩马上赶往现场，配合警方解救人质。

当林恩赶到现场时，发现局势并不乐观。劫匪在屋子内不断地叫喊，声称要杀死所有人质，这可不是什么好兆头。而且，从劫匪越来越快的语速中，林恩得知此人是典型的神经质，并且正处在极为紧张的状态中。想在这种状况下安全救出人质，绝对不是一件轻松的事情。

林恩知道，当务之急就是要想办法让劫匪冷静下来，于是，他在与劫匪谈话时，尽量减慢了自己的语速。他对劫匪说道："里面的人，你好，我叫林恩。我会保证你的安全，但前提是不能伤害人质。"这句话中有一个小技巧，即先说保证劫匪的安全，后说保证人质的安全。因为在这种情况下，劫匪最关心的就是自己的人身安全。

这句话说完，劫匪的语气果然有所缓和，他说道："我了解你们这些人，你们都是骗子，我不会相信你们的。"林恩知道劫匪虽然嘴上说不相信，但潜意识中却更倾向于相信他的话，因为每个人都希望自己能够活着。

林恩说道："你完全可以相信我，为了证明我的诚意，我可以给你提供一些饮用水，但我要先知道是否有人质受伤。"他的语速仍然很慢，而且提出了非常有诱惑力的条件。林恩知道人在紧张情况下会口干舌燥。

"好的，但你不能要花样。这里没有人受伤。"劫匪的语气已经明显缓和了，现在可以谈判了。但林恩没打算就此把饮用水送给劫匪，至少现在还不行。"我要听到人质自己说没有受伤，才能给你饮用水，给我一名人质，证明其他人没有受伤。"劫匪按要求做了，林恩也没有食言，亲自将饮用水送进了五金店。这是林恩期待的局面，可以近距离观察劫匪，然后随机应变。

在五金店里，林恩询问了劫匪的情况，以及他所遭遇的困境。林恩告诉他，人总会遇到困难，遇到了就要想办法解决，但劫持人质绝对不是解决问题的办法。林恩的语速仍然很慢，因为这样可以让劫匪有时间思考。最终，林恩成功说服劫匪向警方自首。

在警察局、消防队负责接听电话的人员，都必须经过特别的应对训练。因为报案或报告火灾的人，情绪经常会过于激动，以至于说话时语无伦次，但是受到专业人员冷静语气的影响，通报者往往也会冷静下来，并说明事发的情况。有报案经历的人表示，当他们要告知紧急事件时，一开始会对接线员悠闲平静的口气感到很不满，但是三言两语后，他们就会平静下来，调整原来紧张烦乱的情绪。

一位著名的男高音歌唱家透露说，他在演唱会时，也是采取类似的作法，他的秘诀就是缓缓地步入舞台，先把全场观众扫视一遍，经过一段时间后才开始唱歌，如此可以使观众原本过于兴奋激动的情绪缓和下来，因为只有这样，才能把观众的心情引入到美妙的歌声之中。

当与某人意见相左时，如果对方的情绪处于极为激动的状态下，将很难被说服。此时可以将对方的话，反复陈述，或抽香烟，或随手慢慢记录，让激动的对方先冷静下来，然后再提出自己的意见进行讨论，把对方逐渐拉入自己的步调中，这才是让对方看清楚事实真相的最佳途径。

承认错误

我们面对犯错的人，都会希望对方有"诚心诚意的认错态度"。

作为FBI加利福尼亚分局的人质谈判专家，保罗·林恩参与完成了几十起人质谈判，前面提到的弗雷斯诺五金店劫持事件只是其中很普通的一起，最让林恩印象深刻的一次谈判，要算是1997年墨塞德市的谈判了。

当时，45岁的史丹·格雷戈里在自己家中劫持了妻子和两个孩子，声称美国政府只有赦免他即将犯下的杀妻之罪，才会释放两个孩子。林恩对格雷戈里的劝说非常顺利，并成功进入格雷戈里的家中，经过11个小时的谈判，胜利已经近在眼前了。

但这时意外发生了。在屋外待命的一名警察突然手枪走火，这让原本已经掌控住的局面发生了巨变。格雷戈里用长筒猎枪指着林恩，激动地喊道："我就知道不该相信你，你这个骗子，你想要杀死我，对吗？"这时，林恩长期、刻苦的训练发挥了效果，对格雷戈里提出的问题，他没有正面回答，而是马上向格雷戈里承认了错误，"对不起，对不起，这是我的错。"这一回答完全出乎格雷戈里的意料，他愣了一下，然后环顾一下四周，没有找到弹孔，窗户玻璃也没有破碎。林恩马上抓住机会，说道："这可能是警察的手枪走火，让我去问一下，怎么样？"然后他慢慢转身，冲着窗外大声询问是怎么回事。屋外的警察立刻回应，说是手枪走火。这时，格雷戈里才再次平静下来。一场血腥屠杀，就这样被化解了。

这次小插曲虽然只有短短几十秒，但却是林恩进行人质谈判以来，最惊险的一次经历。后来，他在自己的回忆录中说道："当时，格雷戈里问我是不是想杀他，无论我怎样回答，都会让他情绪激动。他甚至会大开杀戒，而死的绝不仅仅只有我一个人，那时，屋子里的所有人可能都不会幸免，包括格雷戈里自己。所以，我的第一反应是承认自己的错误，只有这样才能稳住他。因为无论在什么场合下，进行狡辩都是最让人恼火的事情；而与之相反，坦白地承认错误，则会为你赢来好的印象。"

林恩了解到，格雷戈里并不是那种杀人凶手，他只是脾气暴躁了一点，做事不计后果。当格雷戈里得知自己的妻子与人通奸时，他就怀疑自己的孩子不是亲生的，于是便和妻子吵了起来，最终发展成了现在的局面。当林恩让他冷静下来后，他也马上意识到自己的错误，并且向警方投降。

日本的经营之神松下幸之助曾提到他处理客户抱怨的方法：

"某位大学教授曾给我写信，信中提到我们卖给他的产品有瑕疵，因此，我立刻派了当地的负责人去。但对方似乎对于产品瑕疵这件事非常生气，在经过负责人诚心诚意地道歉，并作了适当的处理后，该教授的怒气消解了，并且变得很高兴。接着，他还告诉我们学校内其他的系所也有一些采购案正在进行。可见，接受顾客的抱怨，再加上真诚的处理方式，已经是现代企业必不可少的手段了。"

我相信每个人都会犯错，但犯错后应如何处理呢？如果能像松下幸之助那样，将可以最大限度地化解危局。

利用这一心理，即使内心连丝毫的诚意也没有，仍然可以让人认为自己相当有诚意。在日常生活中，这种方法经常被人运用。比如，在公司里犯了错误，便故意提出辞呈，当然，他并不想真的辞职，而这种辞呈通常也不会被接受，因为公司会提出挽留说："你不必把事情想得那么严重"，然后装作勉强接受挽留。这样便会让人认为"这家伙是个很有责任感的男人"，这真是一箭双雕的方法。

接受批评

勇于承认自己的小缺点，会让人心中的警觉和猜忌在不知不觉间消失，从而使得双方能心平气和地进行交谈。

2011年10月，西班牙议员加斯帕尔·拉玛萨雷斯向媒体表示，他准备起诉FBI当局，原因是FBI私自用他的头像照片绘制成原基地组织头目本·拉登的头像，并将合成头像放在FBI的网站上。

整个事件始于去年，当时，FBI官方网站上公布了一张本·拉登的合成相片，据FBI的发言人称，这次合成相片主要是为了向民众展示10年以后本·拉登的形象。因此，他们的技术人员利用技术软件，在互联网上搜寻与本·拉登相似的头像照片，最终找到并使用了拉玛萨雷斯的相片。

拉玛萨雷斯在接受媒体采访时，多次表示FBI这次不负责任的行为使他受到了极大的伤害。而FBI的发言人则很坦然地接受了拉玛萨雷斯的批评，解释了本次事件的前因后果，并向他做出了道歉。FBI试验部主任助理克里斯汀·哈塞尔，也已经向拉玛萨雷斯发出道歉信，在信中称这是一个"不幸的"事件。

从整个事件中FBI所做的回应，可以看出他们很坦然地接受了批评，并且多次向对方表示道歉。因为FBI当局知道，这次是他们犯了错，如果一味抵赖，很可能会造成长时间的口水战，所以，还不如坦然认错，尽快结束这场无谓的争论。

这种坦然接受批评的方法，在我们的日常生活中也经常被使用到。某大学的一位英语教授，对学生相当严格。有一次上课时，不小心犯了一个语法上的错误，被班上的一位同学发现了。这个学生为了发泄平时对教授的不满，于是毫不客气地指出其错误，想让他在大庭广众之下出丑。可是教授很认真地说："这位同学说得对，但为什么只有他一个人发现了错误，其他同学呢？都在打瞌睡吗？"教授奉承了这个学生一番，接着说，"这是每个人都容易犯的错误，大家要特别小心。"本来这名学生是要让教授下不了台，但在得到夸奖后，也就不再那么咄咄逼人了。

一般人在被别人指出自己的缺点时，都会以唱反调的方式来掩饰自己内心的不安和羞愧，有些人更是会面红耳赤地为自己辩解，以激烈的言词来驳斥对方，这就好比失火时，带着汽油灭火，情况只会越弄越槽。其实人与人之间的关系，经常是以警惕、猜疑为前提的，所以当对方指出我们的缺点时，不如先承认对方的质问，将对方的攻击欲望减弱才是重点。

某位推销员到一家公司推销产品时，负责人直截了当地说："你们的产品太贵了！"此时，推销员却说："一点也没错！"他先接受对方的批评，削弱其攻击性，然后接着说："但是我们公司的产品省电、无躁音、性能优良、售后服务更有保障。"这位推销员先承认对方指出的缺点，满足对方的心理后，再向客户仔细解释，说服他买下产品。

本来，这个客户会以为直接指出对方产品的缺点后，对方会进行辩解，甚至拂袖而去，没想到这位推销员却毫不避讳，勇于承认产品的缺点，使得这个客户心中的警惕和猜忌在不知不觉间消失了，使得双方能心平气和地进行沟通。

让他一次说个够

遇到唱反调的人，就尽量让他说吧。

9.11事件后，人们逐渐从阴影中走了出来，与此同时，对于FBI等情报部门办事不利的批评之声再次出现。2004年4月，英国《独立报》透露，前FBI翻译西贝尔·埃德蒙在接受采访时，声称在9.11事件发生前数月，美国的很多高官就已经得知恐怖分子将要用飞机袭击美国本土了。2月11日，她在华盛顿接受了长达3个小时的质询，她当时就给出了证据，证明在那年早些时候，这种恐怖袭击的论调便已经在FBI内部广为流传，当时200多个翻译在一起工作，大家很容易得知很多消息。

2004年6月，《美联社》也爆出猛料，说由10名委员组成的9·11独立调查委员会正在就弥补情报漏洞和交流不畅进行讨论。民主党委员隆米尔说："我们的共识是FBI在9.11事件发生前并没有很好地完成自己的工作，他们还有一条漫长的路要走。"

除了前FBI雇员和政界人士外，9.11事件的遇难家属也对FBI进行了激烈的批评，他们认为，中情局局长特尼特、FBI局长弗里赫和国家安全事物顾问赖斯，都对恐怖袭击的发生有着不可推卸的责任。

对于外界的种种批评，FBI当局当然不会坐视不管，但他们知道，现在还不是打口水仗的时候。因为FBI在整个事件中所起的作用，很可能被越描越黑。所以，他们选择了沉默。就让外界的质疑一次说个够呢。

在近几年的反恐战争中，FBI情报部门不断取得突破，如2011年5月2日，海豹突击队在巴基斯坦的一次行动中击毙本·拉登，8月美国无人机击毙基地组织"首席执行官"拉赫曼，美国人民对于情报部门的指责声终于被一片欢呼声所淹没，而FBI当局的明智之举，也再一次让他们度过了民众的信任危机。

在日常生活中，面对对方或有意、或无意的质疑，你应该做何反应？如果没有绝对把握反击对方的质疑，不如就像FBI当局所做的那样，让他们一次说个够吧。

有一家皮鞋店的老板，应付顾客的手段相当高明。当遇到顾客向他抱怨"鞋跟太高了"、"样式不好看"、"我右脚稍大，找不到合适的鞋子"时，他只是点头不语，等顾客全部说完后，他才开口说："请您稍等，"随即拿出一双鞋，"这双一定适合您，试穿看看……"顾客半信半疑地穿上鞋，高兴地说："好像是订做的。"于是欣然买走了。

当对方说出他喜欢什么，希望什么样子，就等于是渐渐摊出他的底牌，可以让我们进一步掌握有利的信息。相对的，信息若让对方掌握，自己就会处于劣势。所以在说服别人时，要观察对方的反应，慢慢掌握有利的信息，从而获得事半功倍的效果。

推销员必须遵守的一件事就是："别和顾客争论！"因为顾客所说的话，可能就是他拒绝购买的理由，不要直接加以说服，否则只会把他气跑。总而言之，对顾客所说的话，要学会利用，当他没有反驳的话题时，就可以顺利完成任务了。

"这个不好……那个也不好……"，要说服此种类型的人，不要一一反驳他的话，不如尽量让他把话说完，再找恰当的时机问他"你觉得怎样才算最好"，即可获得事半功倍的效果。

暂停的功能

当热衷的事情暂时停止后，人们才会从事者的思维中跳出来，理清思路，以一个旁观者的思维重新看待事物，而这样往往能够获得更准确的认知。

2003年4月15日，对于FBI探员汤姆·杰拉尔德来说，绝对不是一个好日子，在当天的一次行动中，他开枪射杀了一名劫匪。当时，FBI大批探员在亚利桑那州墨伦西市包围了一栋建筑物，里面有四名职业绑匪。FBI探员的两个小组冲进建筑物，杰拉尔德就是其中之一。当房门被撞开时，他看到里面的一名绑匪想要向他们射击，于是率先开枪，子弹击中绑匪的胸口，使其当场毙命。

这是杰拉尔德第一次杀人，虽然进入FBI前他就已经做好了心理准备，但真的杀人时，还是感受到了极大的压力。在接下来的几天中，他只要一闭眼，就可以看到那名绑匪惨白的脸，这是他在枪战后清理现场时看到的，此后便刻在他的脑海中，无论如何也挥之不去了。

在这种情况下，杰拉尔德的上司给了他一周的休假，并命令他利用假期去FBI总局中的心理咨询中心，做一次心理咨询。这是FBI的惯例，第一次杀人的探员都会被强迫休假，接受心理咨询。

FBI探员的工作压力非常大，使得他们的神经一直处于紧张状态，有时甚至已经到了他们承受能力的极限。因此，杀人后的FBI探员，很容易受到精神上的刺激，虽然对于大部分探员来说，这种刺激都会随着时间的推移慢慢消失，但还会有一小部分探员为此出现心理疾病。所以，FBI为每个第一次杀人的探员都准备了心理咨询，并通过休假帮助他们缓解压力、调整状态。

　　这就是心理学上所谓的"暂停"，处于休假期的探员，其受到的压力将会立刻减少，这将对他们恢复信心帮助很大。杰拉尔德对此就很有发言权。他说道："休假确实帮助了我，让我从阴影中走了出来。在那次事件之后，心理医生建议我找个海滩，好好放松一下。于是我就那样做了。我带着妻子去了巴拿马，在那里的海滩上足足待了三天。当我再回到FBI时，已经和以前没有什么区别了。"

　　你或许有过这样的经验，在考完试以后，对于迎刃而解的问题，很快就会淡忘，反而对于解不开的问题久久难以释怀，直到回家后才发现问题的症结所在，因此而感到无比沮丧。其实，这是因为无法解开问题，会强化记忆力，而在无意识中对该问题一直念念不忘，因此，要想增强记忆力的话，就应维持高度的紧张感。

　　把无法解决的问题暂时搁置，使紧张感得以持续下去的这种方法，也可以应用在会议上。例如在会议中提出的问题，有的很快就获得共识，有的却迟迟无法解决。遇到这种情况时，如果继续讨论下去，往往只是浪费时间。因此，最有效率的方法就是——将这一难题暂时搁置，换下一个议题。

　　一般来说，会议的目的便是要解决问题，但是有许多问题很难在一时之间获得圆满的解决，遇到这种情况时，与会的人大都会有一种紧张感，而这个棘手的问题就会萦绕在脑海里。这时候，不妨把问题暂时搁置，过一段时间再继续讨论。

　　在这段休息的时间里，与会的每个人都会冷静下来，重新思考这个问题，然后等会议再度开始时便可轻易地获得解决。也就是说，会议虽然呈现暂停的状态，但在与会人员的脑海里，这个难以解决的问题却仍在盘旋着。

　　所以，下次当你碰到难以解决或是百思不得其解的难题时，不妨试试这个方法，也许会更快获得答案。

共同的敌人

设立一个双方共同的敌人，使敌视你的对方为求自保，自动与你站在同一阵线上。

作为美国两个著名的情报机构，FBI与CIA之间的竞争从来没有间断过。相比于FBI来说，CIA绝对算是一股新兴的力量。当时，为了冷战需要，美国政府决定单独成立一个机构，进行海外情报的搜集与分析工作，所以提议成立中央情报局，即CIA。这一提议马上遭到时任FBI局长埃德加·胡佛的激烈反对。因为一旦CIA成立，也就意味着FBI要将自己的一部分职权划分给对手。但大势所趋，胡佛也只能拱手将海外情报这块蛋糕送给CIA。

就这样，两家机构在相互竞争中，走过了几十年的风风雨雨。9.11事件之后，为了美国国内十几个情报机构能够做到资源共享，"9.11独立调查委员会"建议设立国家情报局，美国国会在2005年通过情报改革法。也正是在这一年，CIA突然发现自己这个最负盛名的情报机构竟然已经失去了龙头老大的位子。国家情报局后来居上，成为了美国情报部门新的领军人物。

CIA当然不会甘居人下，于是与国家情报局展开了激烈的权力争夺战。而此时，FBI会作何决定呢？西方有句古谚，敌人的敌人就是朋友。已经与CIA竞争了几十年的FBI终于等到了自己的盟友。其实，同样作为情报机构，FBI与国家情报局之间也存在着竞争，但在面对CIA时，两家机构马上站到了同一条战线之上。

作为国家情报局的领军人物，美国总统的首席情报顾问，内格罗蓬特与他的副手海登开始公开向CIA发出挑战，他们不但指责CIA不思进取、固步自封，还要从CIA手中分到对恐怖活动情报的搜集和分析工作，这简直就是在羞辱CIA。

2006年，FBI也加入到这场权力斗争中来，当时，CIA的三号人物、执行局长凯尔·福戈被抓了现行，FBI马上起诉他涉嫌受贿与徇私舞弊。并在5月12日突击搜查了福戈的住所和办公室，福戈被迫宣布辞职。

最终，在国家情报局与FBI的联合进攻下，曾经美国情报界的龙头老大CIA，黯然走下了神坛。

记得数年前有部畅销的科幻小说，书中描写美、苏两强大战在即，双方正准备按下瞄准对方的核弹按钮，此时却传来火星人进攻地球的消息。美苏两国立刻停战，握手言和，组成地球联合军队，共同对付火星人的入侵。虽然这只是一个虚构的故事，却在读者的脑海中留下不可磨灭的印象。

每个人或多或少都有"认同心理"的天性，设法和对方"同步"，进而成为"伙伴"。从流行的趋势即可印证这种心态：每个人都想和别人一样，所以才会造成所谓流行的风潮。

但是当人们处于对立状态时，"认同心理"就会被刻意压抑住，除非双方的敌对心理暂时得到缓解，否则就不会显现出来。在前面的例子中，美苏两国原本准备打的你死我活，但火星人的出现，使美苏的敌意暂时化解，共同对付外来的敌人，这就是"认同心理"逐渐起了作用。在企业界，互相视为对手的两家同行公司，若消费者一致发起抵制运动，拒买他们的产品时，这两家公司必定会团结一致，将矛头指向消费者。

这一技巧也可以用来对付敌视自己，但又有利用价值的"敌人"。例如在公司中，有一个爱发牢骚的属下，如果对他说："你的表现不太好，再这样下去，恐怕你我都要被炒鱿鱼了。"设下荣辱与共的"认同心理"，就算再不好管理的属下，也会乖乖跟你合作。对于敌视自己的人，也可利用此作法，设立一个双方共同的敌人，使仇视你的对方为求自保，自动与你站在同一阵线上，为了对付这个共同的敌人，双方原本的敌视心理也就会化解于无形。

以时间换取空间

"今天听，明天说。"

1996年，伊利诺伊州迪凯特市发生一起绑架案，绑匪绑架了富人亚雷克的儿子，并索要40万的赎金。FBI探员巴德接到报案后，马上赶到了现场。

绑匪要求在一家快餐店门口交付赎金。巴德一边要求亚雷克按照绑匪的要求准备赎金，一边命令当地警察马上赶赴那家快餐店。但当巴德和亚雷克来到快餐店后，却收到了一个坏消息，当地警察没能及时赶到现场。而在场的FBI探员加上巴德，也只有六人。如果不能一举抓捕所有绑匪，很可能会威胁到人质的安全，所以抓捕行动只能暂时停止。

这时，巴德突然灵机一动，马上让FBI探员各自隐藏好，而自己则带着亚雷克开车上了公路。他告诉亚雷克，让他再接到绑匪的电话时，就说自己的车子没有汽油了，正在加油，让绑匪稍等一会儿。而他则指挥当地警察，让他们不用来到快餐店，只在周围几个路口把守就行了。

10分钟后，绑匪打来电话，说他们已经到了快餐店，并质问亚雷克为什么没到。亚雷克按照巴德的吩咐说了理由。绑匪很不耐烦地说，再给亚雷克5分钟，否则就杀死人质。

巴德带着亚雷克，开车向快餐店驶去，而他的同事早已打来电话，告诉他们绑匪的具体位置和人数。一切准备就绪。他和亚雷克开车来到快餐店旁，将车停下，然后走出汽车，将装有赎金的钱袋放到地上，然后远远地退开。绑匪共有四人，其中两人走向他们，准备取回赎金。巴德认为时机已到，突然从衣服中掏出手枪，说道："FBI，所有人都不许动。"同时，其他的FBI探员也从四面包围过来。

前来取赎金的绑匪看到巴德的枪指着自己，便乖乖地举起双手，跪到地上。而另外两个绑匪就没这么听话了，他们马上跑进车子，开车冲出了包围圈。但没走多远，就被路口的警车拦了下来。抓获绑匪后，巴德从他们口中得知了人质的下落，并成功解救出了人质。

在这次与绑匪的交锋中，巴德利用拖延时间的战术，为警方完成包围圈创造了机会。可以说，正是因为他的机警，才成功救出了被绑的人质。

我有位朋友在他父亲的公司做事，他的父亲非常固执，坚持要求每件事情都遵照他的意思办，这让我的朋友非常痛苦。

在进入公司后的5年中，我这个朋友几乎每天都和父亲发生冲突，但后来他才体会到父亲真正的精明之处。并且，他还发现了一个重要道理，就是："今天听，明天说。"先不唱反调，静静地听对方说，经过一天的冷静思考之后再说出自己的主张，让对方也能了解你的意见。推销员在处理消费者的投诉时，都会先行道歉，再说："这件事我们会调查清楚的！"

尤其在说服激动的对方或谈判陷入僵局时，这种办法更有效，你可以先安抚对方说："我们再仔细调查调查。"避免马上答复，这样能把结论的时限延长，等对方心平气和再说。

人际关系是很神秘的，这种应用时间的差异法，被称为"时间差攻击"。我这位朋友就用这种方式，既尊重父亲的经验，又能让自己的建议得到通过。

也许当天写的情书，第二天看了会脸红，不会寄出去。那是因为隔了一段时间后，更能让人客观看清自己。

先接受对方的意见，只静听，不作声，等到适当的时机再表达自己的见解。"欲速则不达"，让彼此都有冷却的时间，再按原计划进行。

拉开距离

　　不想伤害对方，却又要拒绝其要求，有效的方法是使用客套话，与对方设定心理上的距离。

　　美国总统尼克松与FBI确实十分有缘，当初年轻时的尼克松曾报考过FBI探员，后来由于种种原因没有入选。之后尼克松仕途得意，步步高升，从副总统到总统，地位越来越高，而与FBI打交道的机会也越来越多。

　　但是，尼克松与FBI局长埃德加·胡佛的关系却并不像表面上那么融洽。1970年，尼克松同意了一份授权FBI、CIA和军事情报机关加强对"威胁国家安全"分子的监视计划，但却遭到胡佛的激烈反对，因为胡佛不希望CIA和军事情报机关成为自己的竞争对手，他想要独自占有偷听电话、私拆信件和闯入民宅的"业务"。

　　1971年，FBI的重量级人物马克·费尔特对《蒙哥马利哨兵报》记者伍德沃德说，胡佛统治下的调查局井然有序、程序严格、纪律严明，但尼克松统治的白宫却完全是另外一回事。可见表面亲密的胡佛与尼克松，他们之间的距离越来越远。而有趣的是，最终揭露"水门事件"丑闻，推倒尼克松下台第一张"多米诺骨牌"的人，正是费尔特和伍德沃德。

　　1972年5月2日早上，胡佛被发现死于自己家中的卧室里，死因是高血压。当天下午，尼克松就在自己的私人日记中写道："他在一个适当的时候死了。"由此，也可以看出两个人之间深深的矛盾。

　　统治FBI长达48年的胡佛深知权术之道，他很少与人关系亲密，因为只有关系亲密的人，才有机会背叛你。而胡佛，不会给人背叛自己的机会。他知道应该与人保持怎样的距离。在胡佛死后，尼克松终于松了一口气，但好景不长，胡佛死后不久，一个化名为"深喉"的人，向记者伍德沃德透露了尼克松团队的丑闻，最终导致了尼克松的下台。2005年5月，"深喉"的真实身份终于被解开，他就是胡佛的助手，马克·费尔特。最终，在胡佛与尼克松的斗争中，老谋深算的胡佛笑到了最后。

人与人之间的距离，是人际关系中最重要的部分，也是最难掌握的部分。如果距离太远，关系就会生疏；若是距离太近，关系就会过于暧昧。那么什么样的关系才是合适的呢？答案当然不是唯一的，要根据具体情况，来决定你与对方之间的距离，到底应该是多少。

推销员的花言巧语，经常诱使许多人购买多余的保险或不必要的产品。这些人为何会被说服呢？因为推销员想尽各种办法，突破顾客的心理防御。

如何使自己不被说服呢？推销员第一步是解除买主的警惕，我们一打开大门，他们就等于成功了一半，而我们最好的做法就是根本不让他们进门；或是等他们进门之后，我们干脆不予理会，表示出冷淡的态度，不让他们进入到你的心门，避免心与心的接触，再能干的推销员也会无计可施的。

这种作法对陌生人有效，但是对于认识的人就不大适合，若是对关系亲密的人表示冷淡，会伤害到对方，当面拒绝要求，更会损害双方的关系。

不想伤害对方，却又要拒绝对方的要求，有效的方法是使用客套话，与对方设定心理上的距离，一位处理家庭纠纷的社会工作人员透露："离婚的夫妻，彼此客客气气交谈时，表示关系已经不再亲密，使用客套话就是心理距离拉大的无意识表现。"

人际关系的亲疏，是依彼此间的心理距离而定的。若对亲密者使用敬语交谈，避免心灵上的接触，当对方感觉到我们使用客套话，心理距离已经很遥远，就不会再勉强提出他们的要求了。

间接说服

在会议中，对那些参与意愿低落的人，可以让坐在他左右的人发言，激发其热情。

2005年5月，FBI破获一起诱导青少年进行网络色情服务的案件，5名犯罪分子全部被警方逮捕。

事情要从2004年底说起，当时15岁的罗娜和网友艾比正在网聊，她们认识已经有半年了。聊着聊着，艾比突然告诉罗娜，自己认识了一位名叫苏珊的网友，与她聊得非常开心，于是，就把苏珊介绍给了罗娜。

罗娜与苏珊进行了几次网聊后，马上觉得这个人非常有吸引力，幽默风趣，让她十分着迷。突然有一天，苏珊发来一条奇怪的消息，她想要和罗娜进行一次半裸聊，即脱光上衣进行视频聊天，但罗娜没有同意。

第二天，罗娜将这一信息告诉给了艾比。让她意想不到的是，艾比竟然说自己已经与苏珊半裸聊好几次了。于是，在苏珊第二次发来半裸聊请求时，罗娜就同意了。

但这只是罗娜噩梦的开始。经过几次聊天，苏珊突然告诉她自己不是女的，而是一名男青年，要求罗娜继续和他裸聊，并强迫她同其他男人进行裸聊，如果不同意，就将她的裸照上传到网上去。就这样，罗娜陷入了网络色情服务的深渊。

三个月后，罗娜在一次裸聊时被母亲发现，于是将事情的前因后果告诉了她。罗娜的母亲十分气愤，马上报警，FBI随后接手了这件案子。经过两个月的侦破，FBI探员终于在密苏里州将5名犯罪分子抓获，其中2名女子负责引诱网友裸聊并给其拍照，而另外3名男子负责联系"业务"，强迫女孩们进行网络色情服务。

在上面这个案例中，罗娜原本并不愿意与网友苏珊进行裸聊，但当得知自己的朋友艾比已经这样做了，她便不再坚持，而是同意了苏珊裸聊的请求。这就是所谓的"间接说服"。

一位小学校长，有空就经常去查课，他认为可以借着这个机会，能够观察到老师的教学经验丰富与否。例如，学生在上课期间交头接耳时，没有经验的老师便会直接大声批评说话的小朋友，用这种方法，当然会让他们立刻安静下来，但教室内也会因此而充斥着紧张的气氛，对学生和老师都有不好的影响。

而有经验的老师就不会直接批评正在说话的学生，而是故意叫他左右座位的同学起来念书或回答问题。这时，说话的学生就会乖乖地闭嘴，专心听课。这就是间接说服在起作用了。

公司开会时，通常出席的人越多，发言的人反而越不踊跃，有些人只简单地表示赞成或反对，有些人甚至一言不发，表现出一副事不关己的态度，根本无法得知他们真正的意见。

其实保持沉默就表示参与会议的意愿低落，所以，主持人要想办法提高沉默者的参与意识，可以故意先请其座位左右的同事们发表意见。当左右的同事发言后，可以促使原本沉默的人改变态度，变得热心起来，由此而产生积极发言的行为。若一开始就直接叫他发言，有时会让人觉得是一种讽刺，可能还会产生逆反心理，如果能有效地利用间接说服法，就可以使所有与会者在轻松的气氛下畅所欲言。

第十章
步步制胜的诀窍

　　步步设局，请君入瓮，让对手在不知不觉间落入你布下的陷阱。只要掌握要点，你也可以像FBI一样成为心理操纵的高手！

扩大影响力

参与有影响力的事件，也会极大提升自己的影响力。

FBI自成立之初，就成为美国民众心目中的圣地，随后更是成为令全世界为之着迷的一个机构，但FBI当局从未因此而自满过，他们依然在寻找机会，希望能够通过一些历史大案，来扩大自己在全球的影响力。

2011年4月，英国《每日邮报》就透露，根据一份FBI的内部档案，证明早在上个世纪80年代，FBI就对英国最著名的连环杀手"开膛手杰克"做过调查，1988年，著名的犯罪行为专家道格拉斯，还为此写了一份详细的调查报告，并对"开膛手杰克"做了细致的犯罪侧写。但由于史料欠缺，最终没能解开"开膛手杰克"的身份之谜。可能这就是FBI当时没有对外公开这次调查的重要原因吧，如果当时的调查真能取得突破性进展，FBI当局一定会利用这个机会，大肆宣传一番的。

FBI对于历史大案的关注，不仅有英国的连环杀手"开膛手杰克"，同时还包括美国著名的"黑色大丽花"谋杀案。

1947年1月15日，贝蒂·勃辛格带着自己3岁的女儿去鞋匠那里取回自己送修的鞋子，当她们路过一片茂盛的草地时，看到一个残破的人体石膏模型，但当她走近后才发现，这根本就不是模型，而是一具残破不堪的女尸，她就是著名的"黑色大丽花"。

对于尸体的现场勘验报告显示，死者为白种女性，裸尸，弃置于诺顿街区荒地，尸体自肚脐处被拦腰斩成两段，面部朝上，双臂上举，肘部弯曲，双腿笔直伸展，分开角度很大，超过60度。两部分尸体被对正摆放，中间相隔约50厘米，尸体被清洗得很干净，现场未见血迹，胸部被严重破坏，嘴自两边嘴角被割开，伤口直至耳根。尸体被发现时间为上午10时，从尸体上的露水痕迹判断，抛尸时间可能为凌晨2点左右。抛尸地点周围经常有人和车辆经过，未得到目击报告，抛尸地点不是第一凶杀现场。

这一案件在当时引起了很大轰动，于是FBI决定插手调查。在进一步的验尸结果中，越来越多的疑点不断被发现，再加上媒体的渲染，FBI如愿吸引到了当时民众的眼球。

最终，FBI没有找到凶手，使得"黑色大丽花"成了历史谜案。但他们还是公布了调查结果，这让民众在随后很长一段时间内，都在谈论这一案件，当然，谈话的内容也少不了FBI。

FBI为了宣传自己，可谓是不遗余力，他们通过多种方法，终于造就了今天举世闻名的局面。

如今，国际上经常举办各种大型运动会，比如奥林匹克运动会。在这类活动中，有许多的赞助厂商都希望能借着这种机会提高自己品牌的知名度。

想要赞助，就必须拿出一笔庞大的经费，因为主办这样的活动，都需要大量的资金支持，若不是大企业，恐怕还真的支付不起。这样的赞助好处到底在哪里呢？根据广告代理商的说法，这对企业形象的提升有很大的价值。

事实上，借着电视的现场转播，其公司的商标便会向全国甚至全世界展现。运动场的背景会用大字打出企业名称，而且在著名运动员的服装上，也会印有企业商标，随着运动员激烈的比赛，把公司的商标印入观众的脑海中。如此反复之后，著名运动选手的形象便会成为厂商的企业形象，从而成为该公司的广告代言人。

经过这种包装，即使是二流的公司，也可假装自己是一流的企业，这种方法也可以运用在个人身上。比如说，某位名不见经传的人在递出名片介绍自己时，可能会加上一句："我和某某企业经常有生意上往来"或"我和某位名人是好朋友"，企图借着这些人或公司来抬高自己的身价。如果说纯粹只是为了自抬身价而吹嘘，那倒无伤大雅，但如果心怀不轨，想要欺骗别人上当，那么我们就必须心存谨慎，以免轻信他人而上当受骗了。

诱之以利

让对方预知可能获得的报酬，会比较容易打动别人。

2011年6月，FBI为了抓捕通缉犯，开始了新一轮的媒体宣传。当时，他们在电视上播出了30秒的广告，号召认识这些逃犯的朋友、同事、邻居、理发师、美甲师、医生或牙医提供线索。

在诸多通缉犯中，前波士顿黑帮老大詹姆斯·巴格就首当其冲。他由于放高利贷、洗钱、勒索、贩毒和谋杀被FBI通缉，于1995年人间蒸发，1999年被FBI列入美国十大通缉犯之一。在这次的媒体宣传中，FBI在纽约时代广场和其他城市的数字广告牌上，公布了巴格及其情妇凯瑟琳·基丽的照片，并宣称有能够提供线索并成功抓获巴格者，将获得悬赏200万美元，抓获基丽者悬赏10万美元。

可能连FBI当局自己都没有想到，高额的悬赏居然能如此快就产生效果。2011年6月22日，由于线人的举报，逃亡16年的巴格和基丽在加利福尼亚州海滨城市圣莫妮卡落网。2011年9月，FBI波士顿办公室宣布，将支付210万元给提供线索并成功抓捕两名逃犯的线人。虽然FBI发言人没有提到线人的名字，但在这次抓捕行动中，至少有两人获得了奖励。

有趣的是，事情到此并没有结束。日前，一位名叫基思·梅西纳的人通过律师向FBI提出了领取赏金的要求，他声称自己早在2008年就已经告知FBI，巴格就在圣莫妮卡市，可FBI一直都没有与他联系。梅西纳认为自己至少应该分得一点赏金。从这个故事中，也可以看到赏金对人们的吸引力是多么强大。正所谓人为财死，鸟为食亡，只要能够设下对方喜欢的诱饵，你还怕对方不受操纵吗？

记得我大二的时候，有一次心血来潮，和几个死党去爬山，爬到将近半山腰时，大家都觉得很累，尤其是第一次爬山的人，状况更是狼狈，几乎所有的人都快支撑不住了，于是有人开始扬言放弃，领队赶紧给队员们加油打气："马上就到山顶了，大家还要坚持一下！"但这个激励却没取得什么效果，只见大家都兴趣索然，准备打退堂鼓了。就在此时，下山的登山者替大家打了一针强心剂，"山顶上的风景真的很棒，只要你们再坚持20分钟就到了，绝对值得。"听到这句话后，大家像着了魔似的，立刻精神百倍，一口气冲到了山顶。

这种以利益为诱饵的作法，在说服第三者时也有相当大的效果。例如，在公车上，经常会有很多乘客堵在车门口，司机若对他们说："请往里面走。"往往是徒劳无功，但如果改说："里面还有空位!"大部分的乘客都会陆续向车内移动。因为这种说法，让对方预知可能获得具体的报酬。所以为了打动别人，必须尽量提出让对方觉得有利的事情。

上司督促下属："赶快做完事!"还不如说："把工作做完，就可以提前下班了。"让下属意识到只要再加把劲，就可以回家休息了，所有工作的辛苦和疲劳都会立刻抛之脑后，进而全力以赴，加紧完成手边的工作。

眼神告诉我们什么

谁先离开视线谁就会输。

1993年8月，FBI探员艾伦走进一家小型超市，想买一些食材。这是他难得的假期，他希望做一顿饭，好好招待一下自己的妻子。由于前段时间工作太忙，他没有尽到一个丈夫应尽的责任，所以，今天他想好好补偿一下妻子。

超市的规模不大，好在他想买的食材都很常见，所以都可以在这里找到。他将想买的东西放进购物车里，然后推到收款台，排队等待结账。艾伦看到前面的两个人东西都不多，心想这次不用等待太久。这时，旁边队内的一个矮个子男人引起了艾伦的注意。这个人将全身包裹在一件灰色风衣内，头上戴着一顶大沿儿帽子，目光在超市内四处游弋。直觉告诉艾伦，这个人肯定有问题。

没错，艾伦心理暗想，宽敞的风衣适合隐藏枪支，宽大的帽沿儿可以遮挡摄像头，而四处游弋的眼神，是在寻找时机、清点人数。艾伦正想着，这个矮个子男人突然亮出了藏在风衣里的枪，他觉得抢劫的时机到了。

但是他错了，艾伦就站在他的旁边。矮个子男人刚刚将手枪从风衣里面掏出来，艾伦就抓住了他的手腕，然后用另一只手抓住他的脖颈，用力将他的头按到地上。一场抢劫就这样在几秒钟内结束了。

事后，当记者询问艾伦是如何判断出这个人想要抢劫时，艾伦说道："做我们这个行当，都要进行专业的训练，我们会注意观察身边的每一个小细节，这个习惯能够让你在危险的时候保住小命。当我第一眼看到这个人时，就感觉他有问题；而在我看到他的眼神后，我就知道这是个劫匪了。因为他的目光虽然游离不定，但最主要的是看三个地方，门口、柜台和我。看门口因为这是逃跑的路线，看柜台因为这里有他想要抢劫的钱，而看我是因为我比较高大，是他这次抢劫的最大阻碍。"

虽然艾伦说了这么多话，才将自己的心理活动说清楚，但在当时，这些想法却都是在几秒钟内完成的，这一切都要归功于FBI特工学院里严格的训练，以及参加工作后经验的积累。

有句俗语说："看着别人眼睛说话的人，一定不是坏人。"我们暂且不去评估这句话到底是对是错，从中我们可以得知，人们早已认识到说话时正视对方是一种有礼貌的表现，而且还可以加深他人对自己的印象。

第一次与人见面，谈话30秒钟之后，就可以决定自己是否能站在有利的立场，也就是说，当四目交接之后，能使对方视线移开的人，可能就是获胜的一方。

在谈话一开始时，两者通常处于平等地位，而先将视线移开的人，心里会想着："他会不会看不起我呢？"、"说不定他会觉得我言语乏味。"从这一刻开始，无论他说什么或做什么，心里都会受对方视线的左右。

美国某大学曾以彼此不认识的学生进行以下实验：首先，由两组学生当中各选出一人，让他们一起在一间房子里，然后面对面坐下来。两人之间有一面高一公尺的黑色玻璃，彼此看不到对方的脸。接着让双方自由交谈，不一会儿，突然有人将不透明的玻璃拉起，两人就此四目相接，结果发现，先将视线移开的几乎都是内向型的学生。

不相识的人，彼此视线偶尔相交，便会立刻闪开。这是由于人们觉得，一个人被别人看久了，就会被看穿内心或被侵犯隐私。心理学家艾克斯莱恩等人曾做过人们对视的实验，实验结果表明，如果事先指示受测者"隐瞒真意"，在实验中，注视对方的比率，男人会降低，女人则反而提高。男人在未接到指示的情况下，其谈话时间内有66.8%的时间在注视对方；但得到指示后，却只有60.8%的时间在注视对方。至于女人方面，在接受指示之后，居然会有69%的时间在注视对方。因此，当在公开场所遇见女人注视自己过久的时候，不妨认为她可能心中隐藏着什么，要注意她言不由衷的真相。

偷换概念

任何事物都有其正反两方面的说法，强调正面的意义，人们自然就会忘了其反面的意义。

2011年6月14日，《印度时报》披露，FBI正计划发行新版行为手册，该手册将赋予FBI下属的14000多名探员更多的调查权力，其中包括搜查民众的垃圾桶、监视其日常生活等。

据悉，FBI这本名为《家庭调查和行动指南》的新版行为手册，将为其探员带来更大的行动自由，FBI探员将可以在没有任何证据的情况下，自主决定对某些人或组织进行调查，甚至在商业和法律数据库中检索他们的资料记录。此外，新版的行为手册还取消了对搜查民众垃圾桶的限制，FBI探员将可以随意搜查任何一个潜在嫌疑人的垃圾桶。

FBI的这一举动马上引起广泛的争议，许多人都认为这是赤裸裸的侵犯隐私权的行为，必须加以制止。前FBI探员、现任美国公民自由联名律师迈克尔·杰尔曼就批评道，进一步放宽对FBI探员权力的限制，是一种非常不明智的举动，这一定会导致探员滥用职权，随意查看公民的私人资料，侵犯公民隐私。

对此，FBI发言人回应道，FBI的这一新举措，完全是出于保护美国民众生命财产的需要。随着近年来科技的突飞猛进，犯罪技术也随之大幅度提高，仅仅凭借网络监测和电话检查将很难及时发现针对美国的恐怖袭击。所以，FBI希望能够从任何一个不起眼的地方找到线索，即使这个地方是民众的垃圾桶。为了保护民众的人身安全和财产安全，他们将不惜采取任何手段。

FBI的这段回应，就很好地利用了偷换概念的手法，成功地将侵犯隐私，转变成为保护民众安全。虽然FBI这段回应的效果还有待检验，但可以肯定的是，听了这番话，一定会有人站出来支持FBI的这一举动。尤其是在9.11恐怖袭击十周年之际，人们绝不希望类似的悲剧再次上演。

如今，速溶咖啡对许多人来说，已经变成生活中的一部份了，但是，当速溶咖啡在美国被首度推出时，曾发生过这样的事。

咖啡制造公司本来预测，这种咖啡的"简单快速"会大受消费者的欢迎，但没想到事与愿违，销售量一直无法提高。姑且不论品质，其原因大概是因为制作过于"简陋"，给人的印象太差的关系吧！因为在当时的美国，咖啡一直是必须从磨豆子开始作起的饮料。但是现在只要加上热水就能冲出一大杯来，怎么看都似乎过于简单了。

因此，厂商便改变行销策略，不再强调"简单快速"，而是改为强调"可以更有效地节省时间"的广告战略。通过改变口号的策略，使消费者不再将注意力放在"简单快速"上，而是集中在可以"有效节省时间"上。尤其是家庭主妇，她们会感觉"我使用速成食品的原因，不是因为自己懒惰，而是可以把节省下来的时间用在别的事情上。"此后销售量急速上升，从而成为大家都能接受的产品。

任何事物都有其正反两方面的说法，说到"自由"，另一个意思可能就是"放纵"；所谓的"美人"，可能就有"花瓶"的负面印象。单单只强调速溶咖啡的简便，要完全去除其负面印象可说是相当困难的，但是，如果将"简便"改变一种说法，就成了节省时间。总之，借着强调省时的意义，速溶咖啡便紧紧抓住了消费者的心。

另外，在自动化商品的销售上，这种心理战术也被运用得相当多。原来美国的家庭主妇曾对"做家事偷懒省事"比较反感。但是，全自动洗衣机和吸尘器等电器用品却到处普及，这也是因为厂商方面强调——"并非偷懒，而是能有效节省时间"，恰好与家庭主妇的心理不谋而合之故！

只有一个选择

对付一个犹豫不决之人，直接斩钉截铁地告诉他："答案只有一个，就是……"以此缓解其紧张的情绪，这样就可以将他引导到我们预设的方向上来。

女性由于身体力量等原因，在大多数案件中，都处于弱势地位，很容易成为犯罪分子攻击的目标。为了教给广大女性一些实用的自卫方法，前段时间，FBI防卫教练钱宁特地来到一家女子健身俱乐部，进行了一次专题讲座。

在讲座中，他向听众们介绍了几个极易发生危险的地方，如楼梯、停车场、地下室等地方。对此，他给出的建议是，只要有电梯，就不走楼梯；尽量缩短在停车场逗留的时间，不要进入车子后整理书包等物件，而是迅速锁门离开；避免单独进入地下室。从钱宁的建议中不难看出，他没有给出模糊的选择，每一条建议都非常明确，告诉女性要做什么，不要做什么。钱宁对此解释道，如果把话说得模棱两可，就必然损害语言的明确性，这无疑是一个很不好的信号，好像在告诉女性，不这样做也可以，但这恰恰是错误的。

当谈到如何应对抢劫时，钱宁也给出了同样具体的答案，即将你的钱包扔得越远越好。钱宁解释道，在绝大多数时候，劫匪对于钱包会更感兴趣，因此，在第一时间远离带给你危险的钱包，将是最明智的选择。

在日常生活中，有时只给一个选择，其结果往往要好于给出多个选择。比如，一对新婚夫妻在家具店逛了好久，不知道该买圆桌还是方桌，一个店员向他们介绍说："圆桌……很好，方桌……也不错。"他们等于听了一大堆废话，还是迟迟无法决定。这时，另一个有经验的店员走上前建议道："还是买圆桌好，感觉上会比较温馨。"这时候，小俩口如同大梦初醒一般，立刻做了购买的决定。

一般人在判断某些事情时，常常会拿不定主意。这时会希望有人给他提出明确的忠告，而且，只要你能当面果断地指明答案，就可以直接替对方下决定。这种既容易又效果明显的作法，甚至还可以用来操纵对方。

在遇到心动的对象时，花花公子也会利用类似的手法，坚定地对女方说："除了我之外，没有一个人可以配得上你，我一定会给你幸福的。"相反地，当他们想甩掉对方时会说："和我在一起太委屈你了，我们还是分开一阵子吧，你一定会找到比我更好的男人。"另外，当警察在逼问嫌犯时，也常说："你最好还是老老实实地招供吧，遇到我，不管你的嘴巴多紧，我都会有办法，不要自讨苦吃。"嫌犯内心会挣扎不已，在警察的反复逼问下，也只好乖乖地俯首认罪。

对付一个犹豫不决之人，最好直接斩钉截铁地告诉他，"答案只有一个，就是……"以此缓解其紧张的情绪，这样就可以将他引导到我们预设的方向上来。

暗度陈仓

将决定权交给对方，是要刺激其自尊心，提升其优越感，让他觉得不是别人控制自己，而是自己在控制他人。

2009年10月19日，美国司法部发表公告，声称美国科学家斯图尔特·大卫·诺泽塔已经被逮捕，他被指控犯有企图向国外传递、散布和出售机密情报等罪。

诺泽塔曾是美国航天部门的英雄，正是他为"克莱门汀"号月球探测器设计的双向雷达实验，帮助美国航天局在月球南极发现了水冰存在的证据。

1998年到2008年间，诺泽塔受雇于以色列的一家技术公司，就是在这段时间中，FBI开始对他产生怀疑。因为在这段时间中，以色列政府共向他支付了22.5万美金的酬劳，这个数字远远大于他应得的酬金。为了搜集诺泽塔从事间谍活动的相关证据，FBI决定实施一个钓鱼行动。由探员马特尔伪装成"摩萨德"接近诺泽塔，与其进行接触。

9月3日，马特尔与诺泽塔在华盛顿的一家酒店会面，在这次会面中，诺泽塔表示愿意为以色列提供情报。一星期后，马特尔如约支付给诺泽塔2000美元。在诺泽塔回答了他提出的关于美国卫星的问题后，马特尔又向其支付了9000美元。19日，证据充足的FBI终于对诺泽塔实施了抓捕。

马特尔后来回忆说，在整个行动中，我们都让诺泽塔以为自己占据了主动，我们试图让他相信，他的情报是我们急需的，只有他能为我们提供答案。这些话很动听，诺泽塔丝毫没有怀疑过我们。最终，他为自己的粗心大意付出了代价。

这个事例中，自以为占据主动的诺泽塔，其实从一开始就掉进了FBI

探员为其设下的圈套，但就是这个占据主动权的思想，让他从来没有怀疑过眼前这位"摩萨德"的特工人员。所以，千万不要总是自信地认为占据了主动，因为往往在这个时候，你已经被别人操纵了。反过来说，如果你能够表面上让出主动权，而在私下里暗度陈仓，那么你也就可以随心所欲地实施操纵了。

我的一位朋友，在他单身时，一直坚持"大男人主义"，强调男人是一家之主。但婚后不久，却成了"妻管严"式的丈夫。

从"大男人主义"到"妻管严"，完全是因为他太太说服技巧高明的缘故。有关孩子升学、住房计划等问题，他都和太太商量，本想以一家之主的权威来下结论。可是，后来却发现所有事情的最后决定权，仍然掌握在太太的手里。

他太太常用的手段是"三段论法"，她每次都问她先生："你有什么好办法？"将决定权假装交给对方。

这个所谓的一家之主由于受到信赖，自尊心提升，以为决定权在自己掌握中，但实际上，每次都是以太太的主张为结论。

他太太的高明之处，在于巧妙利用人心的盲点。假装将决定权交给对方，就是要刺激其自尊心，提升他的优越感，让他觉得不是别人控制自己，而是自己控制他人。此法相当有效。其实，这只是将决定权交给对方的一道手续，将对方诱导到对自己有利的地位上。此时，对方自尊心提升，心理上产生优越感，心胸变得相当宽大，抓住这一点，再反问他："这个方法不好吗？"

于是，再固执的对象，也会软化，结果是"就这样吧！"

心理负担，不能承受之重

巧妙利用人们心理中"不好意思"的情感，即使原先不准备答应你的人，也会同意你的要求。

在FBI探员的破案过程中，很常用的一种手段，就是增加嫌疑人的心理负担，最终攻破他们的心理防线，从而达到自己的目的。

1998年1月，美国堪萨斯州克里比恩地区发生一起凶杀案，22岁的女青年贝拉被发现死在自己的汽车中，被害人颈部有明显的勒痕，可以肯定是死于窒息。

FBI接手了这起凶杀案，探员尼克·诺亚对贝拉的家人和朋友进行了走访，得到的消息是，贝拉在家人和朋友中很受欢迎，大家都认为她漂亮迷人，性格也好，唯一的缺陷就是她的男朋友肯特，据说他为人粗鲁，没有正经职业，只能靠临时工赚点零钱。贝拉的朋友妮蒂亚就表示，她完全无法理解贝拉为什么会喜欢上这个男人，他简直就是一无是处。

于是，探员尼克走访了这个名叫肯特的青年人。在调查过程中，肯特的嫌疑越来越大。他没有不在场证明；谎话连篇，甚至不能自圆其说；还经常故意避开FBI探员的走访。于是，尼克将肯特带回警局，对他展开了审问。

在审问中，尼克故意拿出两张被害人的照片。一张是贝拉的生活照，照片中，她穿着一件金色的比基尼泳衣，在海滩上享受着日光浴；另一张是现场勘察人员拍摄的贝拉的尸体，照片中，贝拉毫无生气的脸呈现出只有死人才有的暗灰色，脖子上的一道勒痕也变得尤为明显。尼克将两张相片摆在肯特面前，问道："你和贝拉是恋人？""是的。""告诉我，她是一个怎样的姑娘。""……""她的家人和朋友都说她是一位好姑娘，你觉得呢？" "是的，她人很好。" "她对你也很好吗？" "是的。" "能不能具体讲讲，她做过什么让你感动的事情。" 此时，肯特的眼中已经充满了泪水。

一个小时之后，由于承受不了巨大的负罪感，肯特终于向FBI招供。据他自己交代，当时贝拉想要与他分手，他不同意，两人最后争吵起来，他便失手杀死了贝拉。他告诉尼克，说自己对不起父母，更对不起贝拉和她的家人。巨大的负罪感压得他喘不过气来，而且随着时间的推移，这负罪感也变得越来越沉重。

尼克事后说道："在审讯室中，我就看出肯特非常愧疚，他不是那种冷血杀手，而是一个被爱冲昏头脑的青年。他深爱着贝拉，却因为一时冲动，杀死了自己的爱人，这让他感到无比痛苦，也无比愧疚。所以，我决定使用攻心技巧，增加他的愧疚感。我拿出两张对比明显的照片，逼迫他回忆贝拉为自己带来的快乐。不出所料，肯特最终被自己的愧疚感击垮了。"

在日常生活中，如果可以让对方在某种程度上抱有一些负罪感，那将为操纵对方打下良好的基础。"每个成功的业务员靠的就是两只脚和一张个嘴"，经常可以听到这句话。那些人即使被一再拒绝，仍然会紧盯顾客不放。如果我们对他说："我一点没有买的打算，你再来多少次也是白费功夫！"那么，他会告诉你："因为这是我的工作，所以请您别介意，但是请您再给我几分钟好吗？"接着，他仍然会精神十足地解说、推销。像这种推销员，如果来过四、五次后，即使我们没被打动，也会慢慢注意到他的诚意。

新闻记者最会使用这种方法，也就是所谓的"24小时守候"。在追踪事件或新闻时，他们会赶到事件当事人的住处守候，当然，要在当事人工作结束、夜里返家或是早晨出门的时刻去采访，并不是以死皮赖脸的方式，要在大部份人休息的时间内行动，这样才能增加对方更多的心理负担。

对强者的刺激方式

"结论是……你最适合！"

1994年圣诞节，圣迭戈超级计算机中心受到电脑黑客攻击，《纽约时报》称这一行为"将整个互联网置于一种危险的境地。"在针对这起网络攻击的调查中，FBI探员马上发现这名黑客就是此前多次攻击美国大型公司的人，为了将这名黑客捉拿归案，他们请来了日裔电脑安全专家下村勉。

当时下村勉正好在圣迭戈超级计算机中心工作，他对于自己设置的安全系统遭受黑客攻击，一直耿耿于怀。FBI探员看准时机，对他进行劝说，称其为美国最好的网络安全专家，只有他才能帮助警方抓获这名罪行累累的黑客。

下村勉被说服了，他决心帮助FBI探员抓捕这名黑客。在这段时间里，这名黑客又成功入侵美国摩托罗拉公司、诺勒有限公司、芬兰诺基亚公司等高科技公司，盗走各种程序和数据。而下村勉则不断通过网络，追踪这名黑客的源代码。黑客为了向下村勉示威，甚至还入侵了下村勉的家庭电脑，盗走了他对付黑客的软件。

下村勉被这一行为激怒了，经过多次努力，他终于截获了这位名叫米特尼克的黑客发出的无线电话指令，并锲而不舍地追踪这个时有时无的波长。他绕过米特尼克设置下的重重障碍和陷阱，终于找到了这个波长的真正来源，北卡罗来纳州罗利市的电话交换中心，于是，他马上代领FBI探员赶到了罗利市。

随后，他又将包围圈逐渐缩小，最后在一所低级公寓中将米特尼克抓捕归案。据说，当米特尼克在法庭上第一次见到下村勉时，由衷地说道："你好，下村，我佩服你的技术。"

下村勉后来将这一事件写成了回忆录，在回忆录中，他说道："当FBI找到我时，他们告诉我，只有我才能抓住这名网络黑客，保证网络的安全，他们只能依靠我了。这让我感受到了不小的压力，同时也感到了很大的责任。所以，我决定帮助FBI，抓住这位著名的网络黑客。"

美国钢铁大王卡内基的名言是："把对方看成重要人物，诚心诚意要求其帮助，敌对者也会变成朋友。"当一个人受到别人的信任与尊敬时，便会觉得飘飘然，明明知道这只是奉承，但也感到十分开心，乐意助你一臂之力。

对付自尊心强的人，是件相当困难的事，要想让他帮忙，会比登天还要困难。因此，要让对方答应帮助之事，就要柔和地刺激他的自尊心。自尊心强的人一般会非常自信——他们因此才能做到唯我独尊。

所以，在请求其帮助时，要强调"这么多人中专门找到了你，我可不能随随便便找别人。"再接着说些"在我心目中你一直是个了不起的人"、"这件事只有你才办得到"之类的话，这样的恭维往往能够发挥奇效。

有一位上司，要调一名下属到地处穷乡僻壤的分店去经常。他是这样说服心存疑虑的手下的：首先他先强调那家分店经营状况相当糟糕，然后很严肃地说："如果这样下去的话，迟早会完蛋！我要及时挽救，但这不是任何人都有能力去力挽狂澜的，我考虑了很久，只有你才具有这么大的魄力！结论是……你最适合！"

事实上，这是一次"降职下调"，场面可能会是不愉快的，但听了他的一番话后，那位下属反而干劲十足，高高兴兴地赴任去了，并没有因此发生纠纷，这便是利用人性的管理之术。

让借口无懈可击

只要提供他们可以接受的理由，用他最关注的事情作为借口，绝对可以有效地说服对方。

2011年，美国陷入前所未有的金融危机，为了增加税收，美国政府可谓是煞费苦心。FBI为了帮助政府提高税收，将目标转移到了扑克网站之上。目前，美国参与扑克网络赌博的人数约为250万，福布斯2009年称，美国扑克之星网站和全速扑克网站，每年的收入约为14亿美元，网站直接盈利额高达70%。而《洛杉矶时报》称，如果监管得当，合法的扑克网站每年可以给加州增加1亿美元的收税。

虽然美国早在2006年就通过法案，封杀了在线博彩业，但法案中对扑克赌博是否违法一事仍然没有做出明确说明，因此，许多大型网站都借机开展扑克赌博，游走于法律边缘。

但随着经济危机愈演愈烈，如何增加税收已经成为美国政府和FBI最为关心的话题之一，而这一次，网络扑克赌博就没有那么幸运了。2011年4月15日，美国所有扑克网络迎来了"黑色星期五"。FBI对全美三大扑克网站扑克之星、全速扑克和绝对扑克勒令关闭，并指控他们涉嫌银行欺诈、洗钱和非法赌博。4月19日，FBI进一步冻结了在线扑克玩家的个人账户，共14个国家的76个银行账户在此次行动中被冻结。同时，FBI还在当天晚些时候查封了三大扑克网络的5个网络域名。

毫无疑问，这次行动的主旨就是增加税收，但对于超过1500万在网络上通过各种方式进行赌博的美国人来说，这绝对不是一个好的理由，所以，FBI为自己的行为找到了一个更好的借口。那就是规范和整合扑克网络、监管网络赌博。

当这个说辞被提出后，很快就获得人们的认可，不少人认为，这是将扑克网络合法化的重要一步，因为众多网站的监管的确松散，赌博行为在电子时代越来越猖獗，应该通过征税的方式将其进行规范。

FBI告诉我们，有时候，如果能找到一个正当的理由，那将为你省去很多口舌，同时还能将原本敌对的人，拉拢到自己身边。一家百货公司在推销钻戒、皮革等价格昂贵的物品时，精明的专柜小姐对女顾客说："你戴上这个钻戒一定会变得很漂亮……"、"你先生会觉得很有面子……"虽然觉得贵，但为了另一半，顾客便开始动心了。"你将来想脱手时还能高价卖出的"、"这将来还可以当作传家之宝喔！"售货小姐再追加上如此堂皇的理由，犹豫不决的顾客便会当场冲动地买下来。

同样的，在日本幕府时代，丰臣秀吉统一全国之后，觉得人民和兵器一定要分离，否则暴民作乱，就无法消弭以下犯上的风气，甚至会引发造反。为了达到这一目的，必须没收民间的兵器，但如果强制执行又怕引起民众不满，于是他以没收武器是为了制造大寺庙用的钉子、锯子等为理由，尝试说服他们，并且强调只要庙宇盖好，佛祖就会保佑他们世世代代永享安康。原本半信半疑的农民，为了自己子孙后代着想，便自动自发地交出所有武器。可见丰臣秀吉对于人性弱点的掌握，有其独到之处。

我们对于别人所说的话，通常只有"相信"或"不相信"两种情况。虽然有些个性谨慎固执的人，会因为过去轻信别人而受骗的经验，对他人产生强烈的不信任。但是，只要提供他们可以接受的理由，用他最重视的事情作为借口，还是可以有效地说服对方的。